Presentació

Apleguem, en aquest volum, uns quants treballs concebuts, madurats i expressats en ocasions diferents, al llarg dels darrers deu anys, i donats a conèixer davant públics també diferents. El lector podria tenir, doncs, el temor que no hi trobarà unitat, que els arbres no li deixaran veure el bosc; o bé, i això fóra més greu, podria semblar-li que els arbres pertanyien a boscos diferents o que ni tan sols formaven cap bosc. Nogensmenys, creiem que, en un conjunt certament vari (des d'algun punt de vista), hi ha un fil que uneix totes aquestes manifestacions: el tema de la llengua catalana. De primer, mirant de cara enfora (el català enmig les altres llengües romàniques, i en especial comparant-la, al llarg de la seva formació, amb el castellà); després, examinant-la avui (amb els seus problemes i les seves característiques actuals); en tercer lloc, tenint en compte quins efectes produeix, en l'ànima del nostre poble, el contacte constant amb català i castellà (que, ultra realitats idiomàtiques diferents, són també portadors de cultures pròpies i prou diferenciades), i, per fi, procurant de veure què han estat els seixanta anys d'aquesta centúria per als estudis de llengua catalana, els quatre punts de vista tenen el mateix objetiu: la llengua del nostre poble, en relació, sobretot, amb les manifestacions vitals d'aquest nostre poble.

Però hi ha unes raons de pes, sobretot dues, que ens han induït a reunir en un volum tots els treballs que el constitueixen. La primera d'aquestes raons és la joventut. En contacte constant amb els universitaris i amb altres joves, ben sovint hem vist com els interessa la temàtica de la llengua, i en tenim experiència fins i tot amb textos que incloem ací (diversos formen part de temes explicats a la Universitat, un d'ells procedeix d'una conferència donada a gent jove). A precs de gent jove, doncs, decidírem de fer més assequibles alguns treballs que, de fet, eren molt poc coneguts entre nosaltres. Una segona raó ens hi empenyé: la de contribuir, amb el nostre petit esforç, a la presa de consciència que, si la situació del català no és de les més fàcils, tampoc no és desesperada, i que, tot confiant en el foc de la seva vitalitat interna, convé que tots, cadascú a la mesura de les seves possibilitats, hi portem el nostre branquilló de llenya. L'entusiasme d'uns editors il·lusionats i comprensius ha fet la resta, i heus ací el projecte de llibre convertit en realitat. Cal que reconeguem que, per a decidir-nos, hem hagut de vèncer una resistència seriosa: publicar un llibre com aquest és fer una mena d'examen de consciència, i sempre fa una mica de por d'haver de comprovar, amb claredat meridiana, si som ben bé a la línia. El lector jutjarà com han pesat, dins nostre, les dues raons esmentades, si han contrarestat aquesta resistència.

Els treballs aplegats ací respongueren, ja ho hem dit, a motivacions diverses. Això fa que alguns fets cabdals siguin retrets en més d'un punt, al llarg del llibre: el Congrés del 1906, o les *Normes ortogràfiques* del 1913, per exemple, surten una vegada i altra; hem conservat la reiteració: dintre la redacció de cada capítol, era injust de mutilar-ne un tros prou important, a l'ensems que tot el contingut en quedava desequilibrat. D'altra banda, aquestes reiteracions, no pas casuals, serviran per a fer veure al lector quines han estat les fites més sobresortints dels fets que reportem.

És ja hora de presentar, breument, cadascun dels sumands que componen el contingut del llibre. La circumstància concreta de llur formulació original, oral o escrita, n'explicarà el to i la finalitat.

El català i les altres llengües romàniques aparegué, amb aquest mateix títol, dins *La llengua catalana,* volum ordenat per Joan Triadú, Barcelona 1963, formant part de «Critèrion» (Col·lecció Ideològica), vol. 17. Aquest i els altres dos treballs publicats dins «Serra d'Or» són reproduïts literalment de llurs versions primitives, i són els que podien haver estat més coneguts. La resta es compon, com direm, d'assaigs menys coneguts, no sempre expressats abans en català, no sempre publicats fins ara (per haver tingut, quatre d'ells, només expressió oral), i tots ells molt modificats en la versió actual.

El català, entre Gallo-romània i Ibero-romània, i *Català i castellà* són una versió catalana reduïda, i sense aparat de notes, de la *Fisiognómica comparada de las lenguas catalana y castellana,* discurs de recepció a la Reial Acadèmia de Bones Lletres de Barcelona, llegit el dia 27 de novembre de 1955 i publicat en aquella ocasió.

El cinquantenari de les Normes Ortogràfiques és una versió lliure de la conferència que, sota el mateix títol, fou donada a l'Orfeó Català, de Barcelona, el dia 29 d'abril de 1964.

La llengua catalana des de Pompeu Fabra fins a Carles Riba, és reproduït de «Serra d'Or», 2.ª època, any V, núm. 12, desembre de 1963 (número dedicat a recordar l'obra de mestre Fabra, amb motiu del cinquantenari de les *Normes ortogràfiques*). Havia estat el parlament pronunciat en el transcurs de l'acte d'adjudicació dels premis del XX Concurs Parroquial de Poesia, a la Parròquia de Sant Roc de Cantonigròs, el dia 18 d'agost de 1963.

Tres problemes del català d'avui és una versió catalana, lleugerament retocada i ampliada, de la comunicació exposada a «The Modern Language Association of America Seventy-Sixth Annual Meeting», Palmer House, Chicago, el dia 28 de desembre de 1961 (Conference 20: Provençal and Catalan Linguistics and Literature).

La joventut, de cara a dues cultures és una versió lliure de la conferència que, sota el títol de *Posibilidades de la juventud en el campo de la cultura,* fou donada al «Fòrum Vergés» de Barcelona, el dia 4 de febrer de 1964.

El bilingüisme català-castellà és una versió lliure de la conferència que, sota el títol de *Ventajas y defectos del bilingüismo,* fou donada al Museu del Teatre, de Barcelona, el dia 28 d'abril de 1961, en el transcurs del Curset-col·loqui sobre Expressió i Llenguatge, organitzat per l'Institut del Teatre de la Diputació Provincial de Barcelona.

Les *Notes sobre el castellà parlat per catalans* són una versió catalana parcial de la comunicació que, amb el títol de *Some Aspects of Bilingualism among Cultured People in Catalonia,* fou exposada el dia 28 d'agost de 1962, al IX Congrés Internacional de Lingüistes (Cambridge, Massachusetts, agost de 1962), i que, ultra una versió multicopiada per als congressistes, serà publicada íntegrament dins les Actes i Memòries de l'esmentat Congrés.

Cop d'ull a la primera meitat d'aquest segle és una versió catalana, lliure, lleugerament ampliada i posada al dia, de la ponència que, amb el títol de *La filología catalana entre dos congresos de lingüística (1906-1953),* fou exposada el dia 7 d'abril de 1953, al VII Congrés Internacional de Lingüística Romànica (Universitat de Barcelona, abril de 1953), i publicada a les Actes i Memòries de l'esmentat Congrés (Barcelona, 1955).

El Diccionari d'Alcover i Moll és reproduït de «Serra d'Or», 2a. època, any IV, núm. 12, desembre de 1962 (número dedicat, entre altres coses, a commemorar la figura de mossèn Antoni M. Alcover i la seva obra d'enaltiment i estudi de la llengua catalana).

El Congrés de Lingüística Romànica de l'any 1953 és un breu resum de la *Crònica* del VII Congrés Internacional de Lingüística Romànica (Barcelona, abril de 1953), que fou publicada, en castellà, a les Actes i Memòries de l'esmentat Congrés (Barcelona 1955).

Ens plau de manifestar la nostra reconeixença als organismes científics, institucions i revistes afectats, per llur gentilesa d'autoritzar-nos la reproducció o la refosa de treballs que ells havien acollit i publicat en llurs versions originals.

Barcelona, maig de 1964

La llengua catalana dins la Romània

I. El català i les altres llengües romàniques

Tothom sap molt bé que llengües romàniques o neollatines són les que continuen, d'una manera o altra, la modalitat del llatí parlat a les darreries de l'imperi romà. L'existència de la Romània lingüística és una de les manifestacions, i no pas la menys colpidora, del gran fenomen històric que anomenem la romanització. Estem tan habituats a donar-la «per feta», la romanització, com un capítol de la història general, semblant a tants d'altres, que ben sovint ens oblidem de reflexionar sobre la seva transcendència. I, de fet, l'establiment dels romans en els territoris que, temps després, havien d'ésser els de les llengües esmentades, implicà en ells un canvi total de vida: les construccions urbanes, les vies de comunicació, l'explotació del sòl, l'organització administrativa (i podríem adduir-ne d'altres, encara), són testimonis de la gran empremta de Roma, que, a més, perduraren temps i temps, a desgrat d'altres vicissituds (a l'Edat mitjana els camins romans eren la base del teixit de tots els altres, l'arada romana ha estat emprada, en algunes contrades, fins als nostres dies, etcètera). I l'empremta esdevingué encara més afaiçonadora, per tal com, gràcies a Roma, heretàrem el pensament grec, i el gran do de la Llei Nova pogué ésser difós pertot, a un ritme altrament inconcebible. Doncs bé, la llengua fou un dels llegats de Roma, i no pas el menys important. També ací l'acció de Roma fou decisiva. Imaginem-ho per comparances: un pagès del Rosselló, de vint anys, és dut a Bretanya, per fer-hi el servei militar, i hi passa dos anys; un obrer bilbaí se'n va, contractat per una empresa metal·lúrgica, a Portugal, i allà s'estableix: ¿què rebran l'un i l'altre, de la nova llengua adoptiva, que de més a més és llur únic mitjà de comunicació amb els companys de feina? Sabem molt bé que és ben poca cosa, i quan, acabat el servei o cancel·lat el contracte, el soldat i l'obrer retornen a la terra d'origen, res no se'ls coneixerà, en les maneres lingüístiques d'expressió, de la temporada que hauran passat lluny de la llengua pròpia. El cas dels immigrants a casa nostra és ben conegut: si a voltes aconsegueixen d'expressar-se en la llengua nova esforçant-se així l'obrer, immigrant, a dialogar amb l'encarregat, català, no és sense un fort deix que li traeix de lluny la procedència, de manera que fins a la segona generació, ja crescuda en el nou ambient idiomàtic, no es pot parlar d'assimilació (i, encara, ni aleshores aquesta assimilació no és assolida en la seva totalitat). O bé pensem en la situació actual del català: minoritari fa segles, mancat dels grans recursos que difonen les llengües, n'eixamplen les àrees i defensen llur integritat (escola, premsa i ràdio, entre els més importants), res no fa pensar en la seva desaparició, ni propera ni llunyana. Doncs bé, la victòria que llengües fortes no arriben a aconseguir avui, no fou per a Roma excessivament difícil. Bé que sense els mitjans moderns de coacció idiomàtica, el llatí vencé pertot arreu, capgirant gran nombre de situacions lingüístiques. No podem concebre que els pobles pre-romans no s'aferressin a llurs parlars tradicionals. La romanització fou, doncs, del tot eficient, també en el terreny de la llengua. I, admès el fenomen pràcticament universal de l'absorció del llatí parlat (després posarem esment en alguns matisos diferencials, que no pertot arreu el llatí senyorejà amb el mateix grau de penetració), la llengua comuna fou el gran lligam entre les províncies més distanciades de l'imperi. Això, amb l'intercanvi personal de funcionaris i soldats, i de colonitzadors agrícoles, feia més i més pregona l'assimilació de la llengua, en la qual eren batejats de nou molts pobles i muntanyes i rius que havien tingut altres noms (una bona dosi de noms propis escapà, però, a la romanització, com direm). De manera que, durant segles, i fins a la mateixa vigília de l'esfondrament de Roma, el llatí fou la «llengua universal».

Mentre Roma pogué tenir tenses les regnes de l'imperi, la unitat i la cohesió de la llengua llatina restaven assegurades. L'administració (la vida oficial) i el conjunt de pobles que eren regulats per ella (la vida física), àdhuc sense proposar-s'ho, realitzaven una tasca de defensa contra qualsevol perill de clivella que sorgís d'un extrem a l'altre d'un territori tan vast. Però quan, després d'unes quantes amenaces reiterades, el gran imperi romà s'enfonsà, per la corrupció interna de les seves institucions i de la societat, i per l'empenta externa d'uns pobles joves i àvids de posseir-lo, aleshores els factors positius de la unitat de la llengua desapareixen (el pes de la literatura escrita, i de l'ensenyament, l'intercanvi personal d'unes províncies a les altres, l'excel·lent administració del país, la pau al camp i a les ciutats, etc.), i també desapareixen aquells altres que representaven un fre contra tendències orgàniques de dissociació. La pèrdua de Roma significà la pèrdua de moltes coses. I, amb elles, la de la unitat i puresa de la llengua llatina. El llatí parlat, que ja ens és presentat pels gramàtics de l'edat de plata com a ple de sutzures i imperfeccions, que rebia dels soldats molts vocables germànics (introduïts a través de les legions que guardaven les fronteres), que admetia bon nombre de vulgarismes i hel·lenismes incultes, i que realitzava modificacions importants en la seva estructura, quedà completament lliure de tota trava. Que diferent devia sonar el llenguatge del carrer, del mercat i del taller, d'aquell altre llatí, el dels ampul·losos i grandiloqüents discursos del fòrum! L'esbós que acabem de presentar explica a bastament que el llatí parlat, lliure de cap coacció, es transformés. I així fou: el desgast natural dels mots que són emprats un dia rera l'altre, inconscient, però més eficaç encara perquè és inconscient, va preparant un estat de llengua que alguns anomenen pre-romànic: ja bon xic allunyat del llatí, àdhuc del llatí parlat, però encara unitari en allò que tenia de més substancial.

Diem que hom comprèn que el llatí parlat, seguint processos no difícils d'explicar en història lingüística, es transformés. Però això no explica que el territori del llatí parlat fos fragmentat en llengües diferents, ni que aquestes haguessin d'ésser nou (que són les llengües romàniques que els erudits reconeixen actualment). El llatí parlat es transformà, doncs, però no seguint pertot la mateixa línia evolutiva, sinó que aquesta diferia segons els països i les regions de la Romània. Aquesta evolució diferencial obeeix a factors d'índole diversa, històrics els uns, i històrico-lingüístics els altres, combinats segons les circumstàncies. Assajarem de fer-ne veure els més importants.

Com a factor gairebé previ, consignem la intensitat de la mateixa romanització. No costa de veure per què l'anomenem previ: encara que la romanització a tot arreu vol dir l'assimilació a la manera d'ésser de Roma, és evident que les contrades en les quals aquesta assimilació havia estat més pregona, han romàs més fidels a l'esperit romà. No cal dir, doncs, que allí on la romanització fou intensa, els altres factors hi juguen papers més secundaris. Precisament la futura Catalunya, tan plena d'arqueologia romana, amb tants noms propis derivats del llatí, amb una de les ciutats més importants, aleshores, de la Península Ibèrica, Tarraco, pot ésser esmentada com a exemple d'una regió intensament romanitzada. En aquest sentit, la Tarraconense s'enllaçava, sense solució de continuïtat, amb la Narbonense i en general amb el sud de França. Recordem com el migdia de França és ple de pedres romanes i de records romans. Una de les seves denominacions geogràfiques bé prou que ens ho diu eloqüentment: Provença vol dir «província»; és que aquesta regió mediterrània n'estava tant, de romanitzada, que fou anomenada la «província» per antonomàsia, i d'aquí li vingué el nom modern de Provença. En canvi, d'altres zones sabem, per la història, que foren rebels al domini de Roma: ara pensem en la Cantàbria indòmita (allò que avui és part d'Astúries, Santander i del país basc), preocupació constant dels generals romans per les seves inquietuds i per les seves sublevacions, fins al punt que Roma es veié obligada a destinar-hi unes unitats militars permanents. És lògic de concloure que la Provença i el país basc entren a la Romània lingüística amb possibilitats molt distintes, per no dir oposades, quant a la fermentació del llegat de Roma. Altres vegades, la romanització havia penetrat tan poc en el país, que els esdeveniments posteriors la n'esborraren: tot el curs inferior del Rin, des de la Renània fins a Flandes i els Països Baixos, havia pertangut a l'imperi. Ho comprovem per la toponímia (Colònia és un mot llatí, bé que transformat, avui, en l'alemany Köln) i l'arqueologia (n'hi ha prou amb una visita breu al museu arqueològic de Bonn). Però, en primer lloc, l'empremta romana no s'hi havia endinsat tant com a la resta de l'imperi, i, en segon lloc, la colonització germànica hi fou abassegadora: la conseqüència fou que aquestes terres es perderen per a la Romània. Recordem, encara, un altre tipus d'exemple: Grècia, bé que subjecta a Roma per raons històrico-polítiques, sempre li fou superior en cultura i civilització: la romanització tampoc no podia triomfar entre els grecs, ara per impotent, i, de fet, Grècia custodià tots els seus béns espirituals per a la gran època bizantina. La modalitat de la romanització a cada regió de l'imperi és, doncs, un element molt important per a la formació de les llengües romàniques.

Cal que parlem, també, de les anomenades tendències evolutives espontànies. El llatí parlat, sense el fre de la llengua escrita i altres que ja hem esmentat, obeïa, en l'ús quotidià dels seus mots i elements gramaticals, a habituds que anaven prenent cos, i que acabaren essent veritables lleis d'evolució. Són les lleis que estudia la gramàtica històrica de les llengües romàniques. Però, en una extensió territorial tan considerable, només per atzar podien coincidir les tendències de la Gàl·lia amb les de la Dàcia, les d'Hispània amb les de la Rètia. Un altre factor, doncs, que contribueix a la diversitat lingüística de la Romània. El llatí clàssic no tenia article. Quintilià, gramàtic de l'època decadent, podia escriure: «*Noster sermo articulos non desiderat*», bé que ja, en el seu temps, el llenguatge corrent emprava sens dubte els articles davant els substantius. Doncs bé, quan l'ús de l'article començà de difondre's, les llengües romàniques seguiren, en general, l'esquema *ille lupus* (cat. *el llop*, cast. *el lobo*, fr. *le loup*, etc.), però la llunyana Dàcia preferí de dir *lupus ille* (el romanès posposa l'article: *lupulu*). Un altre exemple, ara d'ordre fonètic: les vocals postòniques internes (les que es trobaven, en llatí, entre la vocal accentuada i la final) constitueixen un criteri que separa les llengües de l'est (que les han mantingudes) i les de l'oest (en les quals llur desaparició ha modificat remarcablement la fesomia dels mots; àdhuc quan, per la raó que sigui, es conserven, impliquen la pèrdua de la final): al llatí *fraxinu* corresponen l'italià *frassino* i el romanès *frásine*, per un costat, i el francès *frêne*, el català *freixe* i el castellà *fresno*, per l'altre; així mateix: del llatí *semita*, italià *semita*, francès *sente*, català *senda*, castellà *senda*. No era possible que arreu les evolucions fossin idèntiques.

Una transcendència singular fou atribuïda, des dels inicis de la ciència romanística, a l'anomenat «substrat pre-romà». Com el seu nom indica, «substrat» fa al·lusió a allò que hi ha per sota d'alguna cosa; en el nostre cas, a allò que, anterior a la romanització, ha romàs d'una manera o altra, i ha exercit una influència determinada en la Romània. Així seran fets de substrat totes les particularitats de sons i totes les romanalles de vocabulari o de noms de lloc que, malgrat la romanització, han tingut una influència o altra damunt el llatí. Sabem que els celtes pronunciaven *ü* totes les *u*; quan el llatí començà d'ésser difós al nord de la Gàl·lia, en aprendre mots com *luna*, *maturu*, els gal·lo-romans pronunciaven a llur manera la *u* (com *ü*), i, malgrat el llatí dels romans ocupants (que ells altrament desitjaven copiar), no hi podien fer més: deien *lüna*, *matüru*, i aquest tret ha restat com a característic del francès *(lune, mûr)*, si bé cal reconèixer que no tots els especialistes admeten aquesta explicació, que hem esmentat només com a exemple. Els bascos sempre han estat refractaris a la pronunciació de la *f* inicial: quan, rodejats per la romanització, aprengueren el mot llatí *festa*, sols pogueren assimilar-lo dient *besta* o bé *pesta*. Però no sols això: llur incapacitat per a articular *f-* provocà que tant el castellà com el gascó (llengües els nuclis originaris de les quals es tocaven amb el territori basc, i que s'han format en contacte molt íntim amb aquesta llengua) hagin heretat la mateixa modalitat articulatòria: del llatí *filu* n'han fet *hilo* (el castellà, que ha perdut àdhuc la *h-*, antiga aspirada: *ilo*) i *hiu* (el gascó, que conserva el so de l'aspirada). Aquests dos exemples permeten de formar-se una idea de la importància que tenen els elements de llengües pre-romanes que han aconseguit de sobreviure, fins i tot admetent la imposició victoriosa del llatí. D'altra banda, com que els pobles pre-romans eren tants i tan diferents els uns dels altres, com també ho eren les llengües llurs, es comprèn que el substrat havia de singularitzar d'una manera vigorosa i decisiva les zones de la Romània que en resultaren afectades. Quan, fa poc menys d'un segle, G. I. Ascoli proclamà l'existència del «substrat», tot fent-ne veure la seva eficàcia evident, despertà un gran interès entre els erudits, els quals a vegades, exagerant, arribaren a tractar del substrat com de la vareta màgica que havia de resoldre els problemes etimològics i fonètics més inextricables. Així i tot, n'han restat uns principis i uns mètodes, i cal enregistrar que, en els darrers temps, els lingüistes estructurals europeus han donat nova importància al substrat pre-romà, sobretot en el camp dels sons, com es comprendrà si diem que hi ha qui relaciona la diftongació castellana *(metu — miedo; novu — nuevo)* amb una determinada manera indígena de pronunciar les vocals (en pre-romà peninsular, en general, i en basc), o qui fa entrar dins un mateix gran fenomen evolutiu la sonorització de sordes intervocàliques (*p, t, k* resoltes, respectivament, en *b, d, g*: *apicula — abella; catena — cadena; securu — segur*) i l'anomenada «lenició» de les llengües cèltiques.

No acabem aquí, encara, la menció dels factors que modelen de manera diferent les futures llengües romàniques. Hi ha altres situacions històriques, posteriors a la desfeta de Roma, que no s'han produït en tots els països de la Romània, o que no s'hi han produït amb igual intensitat o de la mateixa manera, i que acaben de singularitzar les diferents fesomies lingüístiques, bé que totes elles palesin tothora llur origen comú. Assenyalarem dues d'aquestes situacions històriques. La primera, l'element germànic de la Romània. La irrupció dels pobles germànics fou la causa immediata de la fi de l'imperi romà; doncs, és natural de creure que el nou món romànic en gestació havia de rebre alguna cosa de llurs maneres de parlar. Nogensmenys, està provat que el centenar de mots d'origen germànic que avui perviuen en les llengües romàniques no provenen de l'època de les invasions, sinó que eren mots que ja havien adquirit carta de naturalesa en llatí vulgar (pels perllongats contactes fronterers entre les legions romanes i llurs veïns els germànics). On l'aportació germànica s'ha fet sentir amb intensitat és en el terreny dels noms de lloc, com ho demostrà Gamillscheg ja fa trenta anys. El que diem fa referència al conjunt de la Romània. D'una manera més particularitzada, però, la conjunció germànico-romànica té importants conseqüències d'ordre lingüístic. Observem què ocorre a l'antiga Gàl·lia. La colonització dels francs és molt més eficient al nord del Loire que al sud: els noms de lloc i l'arqueologia en són bona prova, i el mateix francès: l'èmfasi de l'accent (que ha provocat la pèrdua de les vocals inaccentuades i de moltes consonants interiors: *habutu* del llatí parlat s'ha vist reduït a la vocal tònica: *eu*, pronunciat *ü*) i l'alt percentatge de mots d'evident origen germànic són prou eloqüents. Ja hem dit que les zones més intensament germanitzades del nord de l'imperi (com les del curs inferior del Rin) foren perdudes per a la Romània, ara veiem que les que hi mantingueren el llatí, d'una manera o altra, no ho aconseguiren sinó a canvi d'admetre un nombre crescut de característiques germàniques, i de fet, deixant a part el cas únic del romanès, el francès és la llengua més distanciada de la resta de la Romània.

Tres zones d'Europa, doncs, que ens fan veure tres mons lingüístics: Baix Rin (germanisme vencedor), Illa de França (romanisme mediatitzat pel germanisme), Occitània (romanisme més pur). L'aportació germànica ofereix, per tant, la particularitat d'esborrar una mica la romanització en la França del nord (no oblidem que aquesta romanització ja no hi tenia la força que, a les terres del migdia, simbolitzàvem en l'exemple contundent de la «província» per antonomàsia, ço és, la Provença). I, encara, de retruc, té una altra conseqüència: la de fer rebrotar l'antic caliu del substrat pre-romà, no pas del tot extingit. O sia que el germanisme del nord de la Gàl·lia, en provocar, en part, una desromanització del país, revifava allò que la romanització havia cohibit: el substrat cèltic. En pocs mots: el francès és el resultat de l'especial dosificació de tres factors fonamentals: romànic, pre-romà i germànic. Al sud del Loira les coses són menys complicades. De fet, fins a la Lusitània, trobem extenses zones que respongueren a la crida de Roma i s'hi mantingueren fidels, amb l'excepció del castellà, que neix i es desenvolupa sota un signe diferencial, en gran part atribuïble al substrat pre-romà (recordem el seu veïnatge amb el país basc). El català pertany, doncs, a aquest món de fidelitat provada a la llengua de Roma. Potser algú objectarà que la toponímia catalana presenta una gran quantitat de noms d'origen germànic, com ho palesen, entre altres, els estudis de Joan Coromines.

Paul Aebischer, estudiant, el 1928, els noms de persona d'ara fa mil anys, en trobava tres quartes parts d'origen germànic. És cert: en un sol document, de l'any 913, de Sant Joan de les Abadesses, on consten ben bé prop de cinc-centes signatures, hi trobem la mateixa proporció. Però no és el mateix cas. Allò que hem dit del nord de la Gàl·lia, contraposat a la resta de la Romània occidental, fa referència al ferment germànic dels francs, dut a l'època de les invasions (els visigots, en canvi, que s'establiren a les terres meridionals, estaven ja molt llatinitzats), mentre que el percentatge de noms propis germànics a Catalunya correspon a l'època comtal, iniciada amb la Marca Hispànica, reconquerida pels francs per allunyar el perill d'incursions dels mahometans. Hi ha un parell de segles de diferència, i les circumstàncies històriques són molt diferents: la reconquesta es fa, a Catalunya, sota el signe dels francs, i els nostres comtes es diuen Guifre i Sunyer i Berenguer, noms de nissaga germànica. Però, com dèiem, el germanisme que afaiçona el francès és més immediat a la destrucció de Roma. Tot el que hem dit sobre la relació entre germanisme i llengua francesa, és un exemple típic, però el tema no queda esgotat amb això. Hi ha l'acció dels longovards a la Itàlia del nord, hi ha la colonització germànica, que, seguint Rin amunt, arriba a Suïssa i provoca la solució de continuïtat entre el gal·lo-romànic i el rètic (i des d'aleshores el rètic o «rumanx» viurà una vida reclosa, en el seu racó alpí), però no ens hi podem aturar.

Hem dit que esmentaríem dues situacions històriques entre les que, posteriors a la desfeta de Roma, acaben d'arrodonir les llengües romàniques. Fins ara hem dit alguna cosa de l'aportació septentrional, el germanisme. Diguem ara uns mots sobre l'aportació del sud: l'arabisme. No cal pas ponderar la importància del ferment orientalista en la Romània, concretament en la Península Ibèrica; recordem la tesi d'Américo Castro, per a qui el tarannà espanyol ve de la conjunció de «cristians, moros i jueus». Si aquest element és veritablement indispensable per a explicar una manera d'ésser col·lectiva, en el terreny idiomàtic la diferència d'estructures entre una llengua semítica i les llengües romàniques ha impedit que l'aportació aràbiga fos més remarcable. Però, amb tot, la Península Ibèrica n'ha quedat estigmatitzada amb una marca indeleble: quatre o cinc mil mots d'origen aràbic són enregistrats als diccionaris castellans (i llur nombre augmentaria si tinguéssim en compte tots els derivats i mots emparentats), cosa que confereix al castellà una fesomia ben característica; la influència en el camp dels sons i de les formes gramaticals és més tost limitada (per raó de la diferència d'estructures, com dèiem fa un moment), però en la sintaxi, que ja opera sobre la mentalitat corresponent a la llengua, A. Galmés i altres han fet veure que la versió del *Calila e Dimna* (segle XIII), feta damunt un original aràbic, conté molts arabismes sintàctics, i, bé que són trets que en llur majoria retrobem a les altres llengües romàniques medievals (en les quals no sabríem identificar-los com a arabismes), l'especial dosificació que tenen en el vell text castellà indica que, per sota, hi batega, d'una manera o altra, l'esperit d'una llengua forastera. Nogensmenys, allò que permet de veure fins a quin punt una aportació ètnica ha penetrat en un país, són els noms propis. Doncs bé, la toponímia peninsular d'origen aràbic és riquíssima, sobretot a les terres del sud i de llevant, com ho ha fet veure Asín Palacios. I si tenim en compte l'especial forma jurídica dels repartiments de terres, ja en el moment de la conquesta i ocupació dels moros, el dia que disposarem de repertoris exhaustius de toponímia menor veurem com el cens de noms de lloc d'origen oriental s'acreix molt i molt; aleshores caldrà parar un esment especial en els noms dels terrenys molt parcel·lats, com són els d'antigues zones regades (València, Múrcia, Granada). Altrament, ni caldria recordar els noms de lloc: pensem només com, en la vida dura dels cristians de la Reconquesta, la llum dels grans focus de civilització del sud, sobretot Còrdova, els atreia d'una manera singular. Per Castella i per Catalunya molts coneixements i instruments de cultura passaren a l'Europa medieval: des dels manuscrits que contenien els textos dels vells filòsofs grecs, fins a la numeració per això dita aràbiga (enfront la tradicional romana), fins a un veritable vocabulari científic que ha esdevingut internacional (*alcohol, àlgebra, logaritme, xifra, zenit*, etc.).

No hi ha, doncs, una sola llengua romànica que continuï el llatí parlat de la fi de l'imperi. Hi ha diverses llengües romàniques. Precisament en les planes precedents hem intentat de fer veure com es combinen, en el decurs de la història, uns quants factors, que reduíem a quatre grups: la romanització (concebuda com la penetració, més o menys profunda, del llatí i de la civilització que el llatí implica), els mecanismes d'evolució espontània (que no coincideixen en un territori tan gran com és el de l'imperi romà), el substrat pre-romà (que difereix en les seves manifestacions, com diferents eren els pobles corresponents) i les aportacions posteriors (del tipus del germanisme o l'arabisme, que hem esmentat com a exemples). Però això encara no és del tot suficient: hem valorat uns quants factors històrics, sobretot en allò que tenien d'històrico-lingüístics. Nogensmenys, no podem tenir una idea clara i precisa de com les llengües romàniques es formen i viuen si no projectem totes aquestes circumstàncies en el fons de la història general dels pobles romànics. Mirem-ho, pensant ara ja decididament en la formació de la llengua catalana, que és un exemple clar de la faisó com la història en general (i amb ella les relacions entre els diferents països) matisa i uneix i destria els quatre grups de factors que abans hem analitzat.

Cal veure, doncs, què passa a l'angle nord-est de la Península Ibèrica, des de la romanització. Ja hem vist que ací la romanització és penetrant i totalitària, de manera que pot valer com a punt de partença. Tanmateix, àdhuc en un país de romanització tan diàfana, com és el nostre, el factor substrat pot haver tingut una influència que som lluny de conèixer a fons: Sanchis Guarner ha remarcat la coincidència que hi ha entre la frontera del català oriental i del català occidental i el límit est de l'establiment dels ibers, i Joan Coromines va afegint noves dades a allò que ja sabíem de toponímia cèltica de Catalunya, i matisa la geografia dels noms de lloc interpretables pel basc. Calen nous esforços per a anar detectant informacions més precises sobre aquestes èpoques ignotes del nostre passat. Doncs bé, el futur territori català pertany, en temps romans, a la Tarraconense, i aquesta, a la unitat geogràfica d'Hispània. Però, ultra les possibles fermentacions etnològiques pre-romanes (com ho acabem d'insinuar), que matisaven la tasca de la romanització, fent que el llatí assimilat fos menys unitari que no podia haver estat, en el nostre país la situació geogràfica té molta importància: era una terra de pas, camí obligat, cap a Roma o des de Roma, de legionaris, colons i marxants, població transeünt que, despreocupada quant a l'idioma, importaria formes noves de llenguatge ja molt esteses al centre de l'imperi (per això el cat. *parlar*, com el fr. *parler* i l'it. *parlare*, de *parabolare*), però desconegudes a la resta de la Península (cast. *hablar*, port. *falar*, de *fabulari*). Amb aquesta orientació ultrapirinenca, cal no oblidar que, a l'ensems que s'acostava al ritme del centre de l'imperi, el parlar del nostre racó en sortia reforçat en el seu romanisme. Però, com és sabut, som només al començ de l'orientació de l'angle nord-est de la Península Ibèrica cap al migdia de França. Aquesta orientació, la retrobem ja en temps visigòtics, però és ferma i decidida durant els segles VIII, IX i X. En efecte, a desgrat de diverses vicissituds, és un fet positiu que la Septimània (o Narbonense meridional) pertanyé als visigots. La invasió musulmana de la Península Ibèrica provocà la reacció dels francs, els quals reconqueriren, aviat, la Septimània, on trobaren acollença molts fugitius de la part deçà el Pirineu. La reconquesta avança cap al sud, amb l'establiment de la Marca Hispànica pels francs, destinada, com és sabut, a ésser-los una mena de zona de seguretat contra possibles noves incursions dels moros. La reconquesta de Girona (any 785) pels francs (els quals s'incorporaren Urgell, Pallars i Ribagorça, terres que no havien restat afectades pels invasors meridionals) i la de Barcelona (any 801) (amb l'organització dels comtats catalans), permeten de constituir el nucli inicial de la Catalunya Vella, però predeterminen el caire ultrapirinenc del nou estat incipient, i, per tant, la seva vinculació jurídica, feudal, administrativa i eclesiàstica, amb la intervenció corresponent dels nostres comtes en els assumptes de l'imperi dels francs. Tots els fets inventariats ocorren entre el segles VI i IX. Doncs bé, aquests són els segles de la fragmentació lingüística de la Romània, de la insinuació i consolidació dels trets lingüístics específics de cada llengua: l'orientació cap al sud de la Gàl·lia, en el temps crucial de l'afaiçonament de les llengües romàniques, fou, doncs, decisiva, i per això l'estructura interna del català s'opera sota el signe del gal·lo-romanisme, i per això el català i el provençal són tan afins en llurs peculiaritats idiomàtiques.

Ja constituït el país català, i en funcionament la seva llengua, Catalunya, sense abandonar la seva orientació devers el migdia de França, acreix el seu interès per la reconquesta peninsular; recordem-ne les fites de l'expedició a Còrdova (1010), la unió amb Aragó (1137) i la reconquesta de Tortosa (1148), que prenuncien les grans conquestes del segle XIII. Però aquesta nova orientació, amb la intervenció corresponent en els afers polítics de la Península, serà encara compartida amb la del sud de França i amb l'expansió vers la Mediterrània oriental.

Com es desprèn de tot allò que hem anat dient, el català és una llengua sense estridències, i que correspon a les esmentades zones de la Narbonense i la Tarraconense, tan fondament romanitzades. La romanització, intensa, impedeix que el substrat — que hi és, i vari — actuï amb massa força, l'aportació germànica hi arriba empal·lidida, i l'embranzida aràbiga no l'ateny d'una manera substancial. El provençal és la llengua veïna seva més pròxima geogràficament i històrica, però ja sabem que, nascuda en una regió notablement semblant a la seva (per les circumstàncies de la romanització, i posteriors), d'aquest veïnatge no en podia resultar sinó una refermança del seu caràcter originari. I quan, més tard els catalans s'orienten devers llurs veïns de ponent, i la llengua que s'abat damunt seu amb noves influències, el castellà, és, aquesta sí, una llengua amb una personalitat idiomàtica ben remarcable, no compartida en el si de la Romània occidental, aleshores és, però, ja massa tard perquè el català pugui rectificar els seus trets gramaticals i lexicològics més íntims. Així i tot, la influència del castellà ha estat, en el decurs dels segles, cada vegada més puixant, de manera que la perdurabilitat del seu veïnatge l'ha recompensat, en part, del seu començ d'intervenció massa tardà per a ésser eficaç.

El català, llengua sense estridències. No podrà comparar-se mai, per la combinació dels factors històrics i lingüístics que l'integren, amb el romanès, que té una història tan singular, ja des de la vella Dàcia romana, i el seu substrat, i la seva ocupació pels gots, a mitjan segle III. Ni amb el francès, que hem caracteritzat, suara, amb unes pinzellades esquemàtiques. Ni tampoc amb el castellà. De moment, algú pot restar sorprès davant aquesta afirmació, perquè el castellà és una llengua amb la qual estem en contacte quotidià i íntim. Però una cosa és la relació d'ambient, de motivacions històriques prou conegudes, i una altra molt diferent fóra la relació de formació i estructura idiomàtica. En aquest sentit el castellà és un illot diferencial en el grup de parlars, bastant homogenis, que va des del Loira fins al sud de Portugal. Pensem en l'època de formació de les llengües romàniques, quan encara cap jerarquia no ha estat establerta entre llurs manifestacions, obeint criteris d'hegemonia històrico-política o de valor estètica i literària, sinó segons l'estructura lingüística interna. Mirant-ho així, hom pot comparar, a l'entorn de l'any 1000, el provençal, el gascó, el català, l'aragonès, el castellà, el gallec, i, al sud, el mosaic de parlars mossàrabs. Ací caldrà recordar, potser, els tres principis de què parlava Amado Alonso. Segons el primer (de geografia lingüística), el castellà és el menys representatiu de tot aquest grup, per tal com hi és la nota d'excepció, enfront la resta, de característiques idiomàtiques més comunes. D'acord amb el segon (de fisiognòmica lingüística), el castellà és el més «ibèric» dels idiomes del grup, perquè és el que amb més eficàcia ha estat treballat pels elements del substrat pre-romà (o sia, els elements que l'han desromanitzat un xic). Pel tercer principi (d'història externa, ara tenint ja en compte el pes de la història i de la literatura posterior), el castellà ha esdevingut, en el decurs de la vida peninsular, el més important d'aquells humils parlars originaris, fins al punt que posseeix un Segle d'Or en la literatura i un immens territori a l'Amèrica llatina. En la Romània occidental, i descartat el francès, queda un mapa lingüístic bastant unitari, en el qual la discordància castellana palesa l'homogeneïtat de la resta: no és una homogeneïtat absoluta, però sí força aconseguida. El català és, per tant, una llengua típica entre les que han sorgit a l'occident de l'antic imperi romà. No debades pot agermanar-se, més que amb cap altra, amb la que procedeix de l'antiga «província» per antonomàsia. No debades Raynouard, i algun altre romanista de la vella època, amb més entusiasme que fonament científic, l'havia àdhuc confós amb el mateix provençal, en parlar de la *lingua romana,* concebuda com a llengua de transició entre el llatí vulgar i les altres llengües romàniques. Bé que avui ningú no accepta aquesta interpretació, no és inútil de recordar-la: ens fa veure com aquells erudits eren colpits, tant per la semblança entre català i provençal, com per l'alt grau de fidelitat al llatí que ambdues llengües respiren.

Hem examinat, en línies generals, la formació de la llengua catalana en relació amb les altres llengües romàniques, sobretot amb les occidentals, que són les que l'emmarquen i permeten de veure què la singularitza entre elles. Bé que no era altra cosa l'objectiu primordial d'aquestes planes, no voldríem cloure-les sense una al·lusió a la constant del català després que, ja constituït com a llengua, es llança a la vida amb la qual expressa la personalitat del poble que l'ha format. Tot el que hem dit fins ara feia referència, doncs, al munt de segles en els quals es produeixen els fets històrics determinants de la constitució de les llengües romàniques, i, amb elles, del català. L'acció d'aquells factors esdevé acomplerta en el moment en què les primeres manifestacions en romanç apareixen. Però, en acomplir-se llur acció, aquells factors queden fossilitzats en les diverses llengües: així com han intervingut en llur formació, també romanen en elles, com a trets fisiognòmics definitius, que ens en faciliten la identificació.

Però, què passa després? El català, en el decurs de la seva història, ja com a llengua, roman fidel a la tònica de la seva formació interna: cap estridència no se l'enduu, modifica relativament poc els seus trets idiomàtics, i, quan ho fa, és lent en les seves modificacions. Si comparem el francès, el català i el castellà moderns amb llurs modalitats medievals corresponents, ens adonarem que el francès d'avui és el que més difereix de la llengua medieval; el castellà ve després (hi ha una bona diferència entre el castellà actual i el castellà antic, però no és tan remarcable com en francès), i, finalment, el català és, de tots tres, el menys distanciat de la fase antiga. Per això, al nostre país, l'anomenada «cultura general» permet de llegir sense dificultats greus els textos medievals en versions genuïnes. Caldria, potser, fer una excepció quant a la història de la pronunciació, que ha sofert algunes transformacions importants (sempre, però, menys importants que les de les altres dues llengües), però el nostre enunciat té validesa en general.

El català ha estat, doncs, menys modificat que el francès i el castellà. Això ja es desprèn de les condicions de la seva formació: fidelitat a la llengua mare és conseqüència de la pregonesa de la romanització del país. Comparem alguns exemples. Del llatí *alteru* provenen el català *altre*, el francès *autre*, i el castellà *otro* (per al francès, i, en general, per a tots els casos, cal atendre, és clar, a la pronunciació, no a la grafia, que a vegades duu un retard considerable); del llatí *filiu*: cat. *fill*, fr. *fils*, cast. *hijo*; del llatí *falce*: cat. *falç*, fr. *faux*, cast. *hoz*; del llatí *vespere*: cat. *vespre*, fr. *vêpre*, castellà *víspera*. En tots aquests exemples, escollits a l'atzar, es veu com el català és menys lluny del llatí que les altres dues llengües. Cal reconèixer que és una mica agosarat de fer aquestes afirmacions. Simplement volem fer veure el tipus menys evolucionat, en general, del català. Sabem prou bé que no manquen casos en què el català presenta el derivat precisament més modificat (com *llop,* de *lupu,* enfront fr. *loup,* cast. *lobo*), i d'altres en què no hi ha diferència en el grau d'evolució dels tres derivats (llatí *teneru*: cat. *tendre,* fr. *tendre,* castellà *tierno*). Repetim que es tracta només d'una apreciació general. D'altra banda, el català és més lent, dèiem, en les seves transformacions. Ben sovint el català d'avui presenta un estat de llengua que ha estat una etapa intermèdia en francès antic o en castellà antic, els quals les han superades en el transcurs de llurs evolucions històriques, de manera que el català (antic i modern) és comparable i més acostat al francès antic o al castellà antic, però no al francès ni al castellà d'avui. Heus ací dos exemples de fonètica: el llatí *molere* és representat, a l'Edat mitjana, per *moldre,* tant en francès com en català; posteriorment, el francès, seguint la seva evolució, n'ha fet *moudre,* però el català ha servat la forma *moldre.* Segon exemple: el llatí *axe* (=*acse,* de seguida pronunciat *aise*) ha donat, en castellà antic, *exe* (que hom pronunciava amb un so molt semblant al so de *ix* en català, i que, de més, molt sovint perdia la *-e* final, o sia que era un mot articulat gairebé igual en castellà, *-eixe* o *eix-* i en català *-eix*); avui, en virtut d'una evolució molt típica de la fonètica castellana, els dos mots apareixen pronunciats ben diversament: *eje, eix,* però la diferència ha estat provocada per la modificació del castellà, mentre que el català ha mantingut el so medieval. En pocs mots: el to més arcaic (o de major fidelitat al llatí), que marca el català en relació amb el francès o amb el castellà, és palesat per la constatació que molts trets idiomàtics que avui són típics del català eren molt més generals en la Romània de segles enrera, i afectaven àdhuc el francès i el castellà. I així és com, examinant paral·lelament molts fenòmens d'història lingüística en aquestes tres llengües romàniques, hom es convenç que el català porta un retard de segles en relació amb les altres dues; tinguérem ocasió, no fa gaire temps, de posar-ho de manifest quant al castellà (vegeu més avall, pàgines 53-75). És natural que, com més amunt ens remuntem en la història de les llengües romàniques, hi trobem un nombre més crescut de coincidències, per tal com ens acostem a la font comuna de totes elles. Atès que, de les unes a les altres, són diferents llurs circumstàncies d'evolució, és també natural, àdhuc forçós, que llurs etapes posteriors no hagin estat ni uniformes ni equivalents. Això ens aclareix la manca de coincidència entre el català i les altres llengües adduïdes, per tal com aquell ha dut un ritme més pausat que aquestes. En aquest sentit cal interpretar allò que hem dit abans, d'evolució detinguda o retardada del català.

En línies generals, hem procurat de presentar els factors històrics i lingüístics que plasmen les llengües romàniques occidentals, tot remarcant-ne allò que fa referència al català, del qual creiem haver explicat, encara, una de les directrius evolutives més característiques.

II. El català, entre Gal·lo-Romània i Ibero-Romània

En despertar-se, entre els erudits catalans del segle passat, la consciència de la personalitat pretèrita de llur poble i de les lletres catalanes medievals, tots ells identificaren, en general, la llengua catalana amb la provençal, sense adonar-se que així iniciaven una confusió llarga i perillosa, que només seria superada en una època relativament recent. Avui trobem aquesta identificació ben explicada per dos tipus de raons: unes, lingüístiques, per tal com una gran majoria de trets evolutius (fonètics, morfològics, sintàctics) i de criteris lexicològico-semàntics són comuns a ambdues llengües; altres, històrico-literàries, per tal com, a causa d'aquesta afinitat lingüística, de la relació íntima i multisecular entre Catalunya i el sud de França i del fet que el provençal fou molt emprat pels escriptors catalans medievals (sobretot pels poetes), una forta influència provençalitzant planà damunt tota la poesia catalana antiga, i àdhuc afectà la mateixa prosa, cosa que ha d'ésser atribuïda tant a la inspiració temàtica comuna com al susdit ambient d'afinitat lingüística. Els nostres homes de la Renaixença constataven a cada moment tant les concomitàncies entre català i provençal com la mescla provençalitzant del català primitiu: aquelles, amb llurs relacions personals amb el moviment dels *felibres* (parallel de la Renaixença, bé que un xic més tardà, i menys penetrant que aquesta i les seves conseqüències); aquesta, en les edicions de textos antics que començaven d'assajar.

Doncs bé, la identificació entre ambdues llengües va tenir com a conseqüència la subordinació del català al provençal, és a dir, la consideració del català com a mera varietat dialectal de la llengua veïna, malgrat que no hi havia cap raó d'índole lingüística perquè la relació de subordinació es fes a favor del provençal i no al revés. Ben mirat, i tal com ho féu veure Amado Alonso, entre aquestes dues llengües, auctòctones de llurs territoris respectius, el català s'assembla amb el provençal exactament en la mateixa mesura que el provençal s'assembla amb el català, i, tot partint de la semblança, tan poc encertat és de concloure'n el gal·lo-romanisme del català, com ho fóra de concloure'n l'ibero-romanisme del provençal. Si hom ha parlat del gal·lo-romanisme del català, i no al revés — prossegueix Amado Alonso — és per motius psicològics, no lògics: el provençal apareix com a idioma major; el català, com a idioma menor; el provençal tingué una poesia trobadoresca d'importància històrica mundial; a la literatura catalana, més modesta, hom hi remarca un influx provençal fort; el provençal ha estat tema central d'estudi lingüístic des que la romanística fou constituïda; les llengües peninsulars només eren estudiades d'una manera incidental fins a començos de segle; per peresa, hom despatxava el català enter com una varietat del provençal; el provençal es troba enclavat dins una de les grans potències que mantenen l'equilibri europeu; el català, en una de les que fan de comparsa. En conseqüència, sempre que la semblança d'ambdues llengües ens inviti a reagrupar les llengües romàniques occidentals, no ens passarà mai pel cap la idea de posar en crisi el gal·lo-romanisme del provençal, una llengua tan il·lustre a la història europea de la literatura, enclavada dins la Gàl·lia, i que estem estudiant des de fa més d'un segle; en canvi, serà problemàtic l'ibero-romanisme del català, una llengua no tan il·lustre literàriament, enclavada només que dins la Ibèria, i que no fa pas tants anys que ni sabíem que era realment una llengua. L'impuls ha estat donat, doncs, pel pes psicològic de «llengua més important i llengua menys important»; la justificació històrica n'ha estat cercada *a posteriori*, com la seva falsedat ho prova.

Aquesta fou (deixant a part la ironia amb què Amado Alonso s'expressa) la manera tradicional de sentir i d'interpretar la situació del català. Però aviat la personalitat del català va anar essent cada vegada més presa en consideració, fins que es convertí, amb l'acceptació de tots els romanistes, en independència plena com a llengua. Cal remarcar que si el català passava a ésser tingut com a llengua independent, això es feia sempre dins la interpretació tradicional (és a dir gal·lo-romànica): el català, llengua a part, ja no varietat dialectal del provençal, però, això sí, tot gravitant dins l'òrbita del gal·lo-romanisme. Les fites més destacades d'aquesta marxa del català cap al reconeixement de la seva personalitat, fins a la seva mateixa independència lingüística, foren assenyalades per grans romanistes; recordem, entre altres, els noms de Friedrich Diez (en edicions successives de la seva gramàtica de les llengües romàniques); Alfred Morel-Fatio (autor d'un primer tractat de filologia catalana a darreries del segle passat) i Wilhelm Meyer-Lübke (al qual, amb tot, calgué un contacte directe i perllongat amb catalans per a reconèixer que llur parlar era una llengua com qualsevol altra de les que deriven del llatí).

Admesa l'existència del català com a llengua amb personalitat pròpia per la ciència romanística, un hom pot preguntar-se quines són les seves afinitats més immediates: dins la Romània occidental, i enmig de les llengües més properes al català, és de suposar que aquest oferirà concomitàncies més íntimes amb una llengua que amb les altres, quant a l'estructura lingüística i als fenòmens evolutius. És el problema de la filiació del català dins la Romània occidental, altrament anomenat de la subagrupació romànica del català (títol que, per als qui coneixen la bibliografia corresponent, ja té aires de polèmica). Sobre aquesta qüestió, la bibliografia lingüística es redueix a dues posicions fonamentals: *a*) la que considera el català llengua gal·lo-romànica (amb afinitats més grans amb el provençal i pertanyent a la seva òrbita), la formulació científica de la qual fou la publicació del llibre *Das Katalanische*, de Wilhelm Meyer-Lübke, Heidelberg 1925; *b*) la que el considera llengua ibero-romànica (amb afinitats més grans amb l'aragonès, el lleonès, el portuguès, el mossàrab — àdhuc amb el castellà, bé que en una proporció molt reduïda —, és a dir, amb les llengües hispàniques en general, i com a element integrant de llur conjunt); així es desprèn de la interpretació que féu, de les llengües peninsulars, Ramón Menéndez Pidal dins *Orígenes del español*, Madrid 1926 (3.ª ed., 1950). Com veiem, els llibres de Meyer-Lübke i de Menéndez Pidal gairebé coincidiren cronològicament: el fet de la coincidència de teories oposades sobre el català, emeses per dues primeríssimes figures de la romanística, va provocar, a partir de 1926, i durant quatre o cinc anys, una polèmica lingüística molt activa, en la qual prengueren part molts especialistes, des de gairebé totes les revistes de lingüística i de filologia romànica. Els filòlegs es feien, doncs, del «partit» del gal·lo-romanisme del català o del del seu ibero-romanisme, segons els arguments que esgrimien, i el més remarcable és que molt sovint gal·lo-romanistes i ibero-romanistes tenien raó: els partidaris d'ambdues interpretacions tenien raó, per tal com en català, llengua de transició (com ho és, en definitiva, qualsevol llengua en relació amb les altres llengües veïnes seves), els fenòmens lingüístics s'encreuen i permeten d'arribar honestament a conclusions (parcials, és cert, però amb aparences d'ésser més importants que les refusades) en un sentit o en l'altre, segons com la temàtica hagi estat plantejada per l'investigador. Avui, gairebé quaranta anys després de l'esclat de la polèmica sobre el català, i, sobretot, després dels estudis lluminosos d'Amado Alonso, aquella polèmica encesa ens apar un bon xic bizantina (no sabríem pas dir que fos inútil: en ciència no hi ha res inútil, i menys en aquest cas, puix que es tractava de dades reunides sempre amb un criteri determinat). Per això mateix, no ens sembla oportú de seguir, ací, la susdita polèmica amb detall, sinó solament de fer veure les idees fonamentals de les dues interpretacions.

La teoria gal·lo-romànica del català, a la línia de la

mateixa lluita per la seva independència, és basada en la interpretació tradicional, que rebé consagració científica amb el llibre esmentat de Meyer-Lübke. Aquest llibre fou elaborat damunt una comparació constant, a tres columnes, dels trets castellans, catalans i provençals, en fonètica, morfologia, formació de mots, sintaxi i lèxic de les tres llengües; conté, encara, un estudi històric on hom examina les diferències dels pobles preromans, matisos oposats o diferencials dins la romanització, diversitat de les conseqüències de les invasions germàniques, etc. La conclusió inflexible de Meyer-Lübke és que, després de les seves recerques, queda fora de tot dubte que el català pertany al mateix món lingüístic que el provençal. Antoni Griera fou, també, i des del primer moment, gal·lo-romanista del català, bé que en oposició manifesta amb Meyer-Lübke. La seva posició té dos aspectes: l'estudi de les dades que els actuals parlars fronterers forneixen (català i aragonès, i català i occità), i l'estudi històric de dos corrents culturals (procedents, respectivament, de la Gàl·lia meridional i del nord d'Àfrica); des dels dos punts de vista, arriba a la conclusió del gal·lo-romanisme del català.

La teoria ibero-romànica del català quedava inclosa dins la interpretació que R. Menéndez Pidal donà de les llengües de la Península Ibèrica al seu llibre, ja esmentat, intitulat *Orígenes del español.* Aplicant els seus «principis geogràfico-cronològics», fa veure com el castellà, que és insignificant, de moment (al costat del lleonès i de l'aragonès, per exemple), arriba a imposar-se'ls, i a estendre's en detriment de llurs àrees. Menéndez Pidal es basa en l'existència del mossàrab antic, del qual no hi ha, tanmateix, tants de testimonis com convindria), i en les coincidències entre els dialectes hispànics primitius (galaico-portuguès, lleonès, castellà, aragonès, català), els quals ofereixen sistemàtiques concomitàncies fonètiques (que adduirem més avall), excepte el castellà, que és l'única nota diferencial dins la unitat hispànica primitiva; l'expansió del castellà cap al sud provoca solucions de continuïtat a les llengües antigues que enllaçaven, pel sud i mitjançant el mossàrab, el gallec i el català, i el lleonès i l'aragonès. D'aquesta faisó el català resta incorporat a l'orbita linguística peninsular. Amado Alonso emprengué una sèrie d'articles sobre el tema de la filiació del català dins la Romània, en els quals feia objeccions de mètode a treballs dels gal·lo-romanistes. Més de quinze anys més tard, Amado Alonso va tornar a tractar de les afinitats del català amb els seus veïns, dins la *Partición de las lenguas románicas de Occidente*, apareguda a Buenos Aires, l'any 1943, formant part de la miscel·lània d'homenatge a Pompeu Fabra: ara el seu interès no quedava reduït a la llengua catalana, sinó que abastava totes les llengües de l'anomenada Romània occidental, i per això ens hi referirem més avall.

La conclusió que hom pot establir sobre la filiació del català dins la Romània, després de tot el que fou dit i discutit al llarg de la susdita polèmica, i després d'ella, no ha d'ésser absoluta. Ja abans dèiem que ben sovint tots, gal·lo-romanistes i ibero-romanistes, tenien raó, en llurs posicions, per tal com tots ells partien de fets certs: gairebé constantment, l'estudi geogràfico-històric de qualsevol fenomen de lingüística catalana (fonètic, morfològic, sintàctic, lexical, semàntic), i per mica que hom aprofundeixi en la seva anàlisi, permet d'adoptar l'una i l'altra de les dues posicions fonamentals. Sense fixar-nos ara en influències pre-romanes, per tal de no portar les coses massa enllà (influències que, tot amb tot, no sabríem negar, sinó que, ben al contrari, considerem que molt sovint han estat fondament afaiçonadores), el catalá es constitueix i es desenrotlla a l'extrem nord-est de la Península Ibèrica; per la localització geogràfica del seu nucli inicial, el català és una llengua hispànica, o sia que continua una modalitat determinada del llatí vulgar, la que era parlada a l'antiga Hispània. Això no obstant, cal que aquesta apreciació, tan simple i primària, sigui matisada tot seguit, i matisada vol dir, ja es comprèn, que l'hem de complicar amb les diverses aportacions (etnològiques, polítiques, culturals) del nord i del sud, a mesura que es produeixen en el decurs de la història. Els estudis historiogràfics de conjunt de Ferran Soldevila ens forniran les dades per a matisar els esdeveniments que van perfilant el domini lingüístic català.

Primer matís, sobre el caràcter hispànic del futur domini català: dintre la gran Hispània romana, tan complexa, coexistien diversos pobles (resultants de migracions primitives i d'assimilacions imperfectes de la romanització), els quals pobles implicaven diferències a vegades molt remarcables, quant a la natura del llatí adoptat, o a la pervivència d'elements lingüístics preromans; ben sovint (i això és típic en el cas del català) aquests matisos eren d'índole geogràfica: la Catalunya actual era terra de pas cap a la metròpoli, era camí obligat de legionaris, colons i mercaders; acollia una població flotant que indubtablement s'expressava sense cura, introduïa novetats de llenguatge i se sentia molt atreta pels neologismes. La Tarraconense oriental es trobava, doncs, més ben comunicada amb Roma que no pas la resta de la Península. Aquesta posició fluctuant d'una terra, situada dintre Hispània, però al camí de la Gàl·lia, tindria un reflex immediat damunt les característiques idiomàtiques del seu peculiar llatí vulgar, el qual, vist allò que n'ha resultat, ço és el català, si era en gran part típicament hispànic, no deixava de representar, en moltes altres ocasions, un bon enfilall d'habituds lingüístiques ultrapirinenques.

Però encara hi ha nous matisos, molt més importants, per a la caracterització d'allò que anirà esdevenint, amb els segles, el domini lingüístic català. Ens referim a l'orientació reiterada d'aquest territori devers el sud de la Gàl·lia, que enregistrem ja a la mateixa època visigòtica, i que s'acompleix d'una manera ben decidida als segles VIII, IX i X. Entre les manifestacions més remarcables de l'esmentada orientació devers les terres d'enllà del Pirineu, cal que recordem les següents: encara dins els temps visigòtics, el fet que aquesta monarquia dominés, al segle V, extensos territoris de la

Gàl·lia meridional, sota Euric; és cert que Alaric, el seu successor, perdé la majoria de terres ultrapirinenques, davant el franc Clovis, el qual arribà a ocupar Tolosa (any 508), capital del regne; però no és menys cert que, per fi, la Septimània (o Narbonense meridional) continuà pertanyent als visigots, de manera que així quedava segellat el començ d'una solidaritat amb la Tarraconense que havia de perdurar durant segles. Afegim-hi, encara, els intents, no sempre absolutament fracassats, d'escissió respecte a la monarquia visigòtica peninsular, a l'ensems que de constituir un sol regne a base de terres catalanes i del sud de França. Més tard, des dels inicis de la reconquesta, trobem força ocasions d'enfortiment de la relació amb el sud de França. Recuperada la Septimània pels francs, aquest territori fou lloc de refugi per a molts cristians que, procedents d'allà on avui hi ha Catalunya, n'havien fugit davant la invasió musulmana. Els refugiats de la Septimània van fomentar, des d'allí, l'empresa de la reconquesta de Catalunya, i, en tornar a la terra nadiua, hi dugueren els elements de repoblació. Ferran Soldevila afirma que aquesta estada de gent del nostre país a la Septimània constitueix un nou lligam la importància del qual, des de molts punts de vista, àdhuc des del punt de vista lingüístic, no ha estat potser prou valorada. L'alliberament de Girona pels francs l'any 785, i la incorporació, a llurs dominis, dels territoris no afectats per la invasió (Urgell, Pallars, Ribagorça) són, sens dubte, un altre lligam catalano-llenguadocià que cal tenir en compte. Reconquistada Barcelona l'any 801, els comtats de Girona, Empúries, Barcelona, Ausona, Urgell i Cerdanya, cada cop més estesos, formen, amb la Septimània, l'anomenat marquesat de Gòtia, mentre que els comtats de Pallars i de Ribagorça pertanyen al marquesat de Tolosa. En el terreny eclesiàstico-administratiu, els nostres comtats depenien de la seu arxiepiscopal de Narbona.

Si tenim en compte que, damunt tot el que hem dit, hi havia una organització política superior, l'imperi carolingi, comprendrem totes les diferències específiques de la nostra terra en relació amb la resta de la Península, així com les seves afinitats amb els pobles que estaven subordinats a la unitat imperial. Així, i a pesar de la immigració de cristians procedents del sud islamitzat, Catalunya va sentir-se molt poc de la influència cultural mossàrab que tant pesà més a l'oest. De fet, doncs, tota la vida, en els seus aspectes més varis, tenia, a la Marca Hispànica, el segell de l'organització i de la cultura ultrapirinenques: en el camp administratiu, la divisió en comtats; en el social, el feudalisme; en el polític, la intervenció en els assumptes de l'imperi; en el jurídic, i juntament amb la conservació d'institucions visigòtiques, la influència dels francs també es féu sentir; en el cultural, l'aportació del renaixement carolingi; i, semblantment, en la història de l'art, en l'escriptura, etc. En pocs mots, la reconquesta franca fou, al nostre país, transcendental. «A causa d'ella, Catalunya va sentir-se en els seus orígens poc unida a la resta de la Península. La lluita amb els sarraïns, els primers segles de reconquesta, lluny d'escindir-la de les terres de la Gàl·lia meridional, va lligar-la-hi més estretament; lluny d'isolar-la d'Europa, va posar-la-hi en contacte més directe; lluny de lligar-la amb la resta d'Espanya, va dessolidaritzar-la'n; fins al punt que, per als altres pobles peninsulars, les gents del nostre país seran, per molt de temps, *els francs*.» (F. Soldevila.)

Com hom ja ho deu haver remarcat, tots els fets adduïts en aquest llarg inventari es produeixen entre els segles v i ix; doncs bé, aquests són els segles de la fragmentació lingüística de la Romània, de la concreció de les llengües neollatines i de la primera fixació bàsica de llurs trets constitutius. L'orientació insistent cap al sud de l'antiga Gàl·lia, a l'època més crucial per a l'establiment d'uns trets idiomàtics que, vacil·lants encara, podien cristal·litzar en una direcció qualsevol, fou decisiva: per això, i malgrat els antics lligams del llatí parlat a la Tarraconense amb el llatí hispànic més comú (lligams que només podien determinar algunes bases etimològiques i de lèxic, però no els criteris dits gramaticals), la constitució de la llengua catalana es féu sobretot sota el signe del gal·lo-romanisme, de manera que, com ja fou observat per Meyer-Lübke, la major part de característiques lingüístiques del català són també comunes al provençal.

Nogensmenys, no podem cloure, encara, els matisos que havien d'ésser tinguts en compte, quant a les influències encreuades que convergeixen en el domini lingüístic català. Bé que ja no són tan importants des del punt de vista lingüístic (per tal com la llengua es troba constituïda, i té ja la fesomia que les esmentades circumstàncies originàries li havien marcat), a partir del segle IX, amb l'obra ingent de Guifre el Pilós (que reemprèn, amb un sentit nou, la reconquesta), la Catalunya naixent comença de preocupar-se pels problemes peninsulars, i s'orienta devers els seus veïns occidentals. No cal insistir sobre fets tan coneguts. Recordem-ne els punts capitals: la presa i el saqueig de Barcelona per Al-Mansur (any 985), fet que, malgrat que fou superat tot seguit, és un toc d'atenció tràgic sobre el perill musulmà; l'expedició a Còrdova del 1010, seguida d'altres incursions semblants; l'expedició de Ramon Berenguer III a les Balears (any 1114); la unió amb Aragó (1137); la reconquesta de Tortosa (1148), etc., assenyalen algunes fites d'una ruta que havia de conduir a les grans conquestes del segle XIII. Aquests grans fets de relació, prou importants, i els petits contactes quotidians que impliquen, contribueixen, si no a aconseguir sistemàticament que es produeixin influències castellanes efectives damunt el parlar català, sí almenys que sigui creat un clima en el qual nous trets idiomàtics poden ésser adoptats.

És possible que ens hàgim estès desproporcionadament sobre els matisos que acabem de considerar. Però era indispensable de valorar-los en llur importància justa en relació amb la filiació romànica del català. De primer antuvi hem fet al·lusió als trets lingüístics diferencials de la Tarraconense en el si del llatí hispànic, la qual cosa ja equivalia a afirmar una personalitat específica de la tal modalitat, àdhuc dintre el susdit conjunt hispànic. Després ens hem fixat en l'orientació del nostre domini cap al sud de França, orientació multisecular, reiterada, i, per això mateix, eficient: d'aquesta orientació procedeix l'alteració essencial que sofreix allò que podia haver estat el sistema evolutiu predominantment ibero-romànic del català, el qual sistema evolutiu és, en canvi, des d'aleshores, fonamentalment gallo-romànic. En tercer lloc, i ja a l'època històrica de la llengua, enregistrem algunes modificacions del caràcter ultrapirinenc del català, per raó dels seus nous contactes peninsulars. Tots aquests factors, units, confereixen una fesomia complexa al català: ara es comprèn bé per què hem dit abans que gal·lo-romanistes i ibero-romanistes del català han partit sempre d'arguments parcials però certs, i que cal assentir als uns i als altres. Tanmateix, de tot el que hem exposat, no se n'ha de concloure que un conjunt d'aportacions successives com les que hem assenyalat sigui un fenomen exclusiu del català; ben al contrari, una cosa semblant ocorre sempre que una llengua viu en contacte amb les que l'envolten, sobretot si totes procedeixen de la mateixa soca: gairebé no hi ha llengua que no conegui aquests contactes.

Així arribem, doncs, a la superació del gal·lo-romanisme i de l'ibero-romanisme del català: el català és una llengua-pont. És, ni més ni menys que qualsevol llengua que té veïns a cada costat, una llengua de transició entre ells. Aquesta expressió pot semblar una fórmula de compromís; en tot cas, no és un compromís fruit de transaccions de tipus diplomàtic, sinó el resultat dels factors històrics ja esmentats. És, en realitat, la consideració que ja el mateix Friedrich Diez va intuir, i no per no comprometre's, sinó precisament després d'haver-se compromès, amb la seva idea primitiva de subordinació del català al provençal. És, en suma, la posició que, molts anys després, Walther von Wartburg va adoptar, en la seva recensió del llibre de Meyer-Lübke: l'anàlisi dels trets fonètics del català ens diu que, en llur majoria, són de filiació gal·lo-romànica; en canvi, la morfologia, i més concretament la flexió, són més tost de tipus ibero-romànic; en el vocabulari, enregistrem un clar predomini de mots de natura gal·lo-romànica, bé que no podem oblidar tots els que pertanyen a les àrees ibero-romàniques. Tornem-ho a dir: el català és una llengua-pont, bé que una anàlisi detinguda dels fets històrics i lingüístics ens obliga a afirmar que la majoria dels materials amb què aquest pont ha estat construït són de factura gal·lo-romànica.

* *

Abans hem dit que Amado Alonso havia pres part en la polèmica de la subagrupació romànica del català, que la seva visió del problema havia anat engrandint-se, i que la seva contribució a la miscel·lània dedicada a Pompeu Fabra (1943) era un dels treballs més assaonats que s'hagin escrit sobre l'articulació lingüística de la Romània. És cert que, amb les seves conclusions, ha deixat en peu el vell problema del català en el si de la Romània (que tan fonamental semblava l'any 1926); però no és menys cert que també hem posat en relleu com, vistes les coses ara, amb perspectiva ja d'uns quants anys, trobàvem aquella polèmica exagerada i bizantina. Reconeguem-ho: Amado Alonso és qui n'ha fet la liquidació definitiva, en palesar que tant el provençal (veí del nord) com l'aragonès i el castellà (veïns de l'oest) són, en definitiva, llengües pertanyents al mateix grup lingüístic, el grup de llengües fidels al tipus llatí originari, i que, per tant, aquella necessitat de precisar afinitats del català cap al nord o cap a l'oest perd tota la significació que semblava tenir.

Amado Alonso es basa, com és natural, en els estudis dels qui l'han precedit en la seva comesa. I aprofita, sobretot, les aportacions de Walther von Wartburg, que tan bé ha sabut interpretar la formació dels pobles romànics, i, amb ells, de llurs llengües. Wartburg és qui ha remarcat la transcendència de la línia del Loira, a

França, com a frontera de fets històrics importants (límit septentrional de la romanització més eficient, o sia: límit meridional de la pervivència més lliure del substrat cèltic, i, encara, de la colonització assimiladora dels francs), i, en conseqüència, com a frontera, també molt acusada, d'uns quants trets lingüístics que singularitzen el francès entre les altres llengües romàniques occidentals, i, a vegades, en el si de la Romània entera. Així, al nord del Loira, és a dir, en francès, les vocals tenen una evolució diferent des del llatí vulgar segons que es trobin en síl·laba lliure o en síl·laba travada (del llatí *pra-tu* ve el fr. *pré*, però del llatí *ar-bore* ve el fr. *arbre*; de *ve-nit* ve el fr. *vient*, però d'*her-ba* ve el fr. *herbe*; d'*habe-re* ve el fr. *avoir*, però de *vir-de* ve el fr. *vert*; de *pro-ba* ve el fr. *preuve*, però de *por-ta* ve el fr. *porte*; d'*ho-ra* ve el fr. *heure*, però de *cor-te* ve el fr. *cour*); en canvi, al sud del riu esmentat, és a dir, en provençal, català, castellà i portuguès, les vocals, tant si diftonguen espontàniament (com ocorre en castellà) com si no hi diftonguen (com, per exemple, en català), tenen una sola evolució, sense oferir resultats diferents segons que es trobin en síl·laba lliure o en síl·laba travada (heus ací les solucions en català i en castellà, corresponents als exemples francesos anteriors: tant hi ha *a* en *prat* i *prado*, com en *arbre* i *árbol*; la mateixa *e* tancada trobem en *ve* i en *herba*, o bé el mateix diftong *ie* en *viene* i en *hierba*; també són idèntiques, quant a la vocal temàtica, les solucions *haver* i *verd*, o, en castellà, *haber* i *verde*; semblantment: *prova* i *porta*, *prueba* i *puerta*, *hora* — per al català i per al castellà — i *cort* i *corte*).

L'evolució típica del francès és el resultat de l'aportació germànica a un fons de romanització poc arrelada ensems que de substrat cèltic eficient, i constitueix un estat de coses que s'oposa a les circumstàncies històrico-lingüístiques del sud: la Gàl·lia narbonesa i gran part d'Hispània foren romanitzades intensament i ben aviat, de manera que els impulsos fonètics del substrat preromà hi quedaren molt esmorteïts. Al nord, en canvi, la susdita pervivència de les habituds articulatòries del substrat cèltic, i l'adveniment del superestrat germànic foren les bases dels trets diferencials del francès enfront les altres llengües romàniques occidentals. Per això el francès té una constitució tan original, tan dissemblant del tipus comú a la resta, que, dins la Romània contínua, és, de fet, inagrupable.

Mirem ara què passa, exclòs el francès, a la resta d'aquesta Romània contínua, més cenyidament occidental, que comprèn des del provençal fins al portuguès. D'antuvi, hem de considerar l'homogeneïtat del mapa lingüístic de la Península Ibèrica a l'època dels primers testimonis romànics, i abans que els trets diferencials del castellà fossin propagats, tal com fou exposat, fa gairebé quaranta anys, per R. Menéndez Pidal. Els dialectes hispànics primitius coincideixen en una sèrie de trets fonètics bàsics (excepte el castellà); recordem-ne alguns: *a*) La conservació de la *f-* inicial llatina (mossàrab *fauchil,* portuguès *fouce,* lleonès *fillo,* aragonès *farina,* català *falç*); la fonètica castellana s'hi oposa, amb l'aspiració primitiva de la *f-* originària (*f-* esdevinguda *h-*) i pèrdua ulterior de tot so inicial (castellà *harina,* pronunciat *arina*). *b*) La solució dels grups llatins *-c'l-* i *-ly-* en palatal lateral *ll* (moss. *serralla,* port. *cohelho,* lleon. *uello,* arag. *muller,* cat. *fulla*), en oposició a la palatalització castellana en *j* (cast. *consejo,* que es pronunciava, en castellà antic, com la *j* del català o del francès actuals). *c*) La conservació, bé que amb algunes modificacions articulatòries, del so llatí de *i-* inicial (consonants llatines *j-* i *g-* seguida de *e* o *i*) (moss. *yenesta,* port. *janeiro,* lleon. *yermano,* arag. *geitar,* cat. *gendre*), a la qual conservació el castellà replica amb la desaparició absoluta del so consonàntic inicial (cast. *echar*). *d*) La modificació, per relaxació articulatòria, del primer so del grup consonàntic llatí *-ct-*, que esdevé *-it-* (moss. *leite,* port. *noite,* lleon. *feito,* arag. *peito,* cat. antic *feyt,* avui *fet*), mentre que en castellà enregistrem un procés de palatalització més elaborat, que s'acaba amb el so palatal africat de *ch* (cast. *leche*). *e*) La solució en palatal fricativa (com el cat. *-ix-* en *eixam*) dels sons agrupats llatins *-sc-* (seguit de *e* o *i*) (moss. *faxa*, portuguès *peixe*, lleon. *fexa*, arag. *faxa*, cat. *aixada*), en contra de la *-z-* interdental castellana (cast. *haz*).

Els fenòmens fonètics que acabem de recordar foren assenyalats per Menéndez Pidal. El dialecte castellà —deia l'il·lustre filòleg— representa, amb totes aquestes característiques, una nota diferencial enfront els altres dialectes d'Espanya, com una força rebel i discordant que sorgeix a la Cantàbria i a les regions veïnes seves. Així, doncs, la Cantàbria, la darrera conquesta romana, i, demés, comarca de romanització més lenta, se'ns apareix, amb la seva evolució lingüística, com una regió més indòcil a l'evolució comuna de les regions restants, més revolucionària, més inventiva, més original, i més donada al neologisme. Així s'expressa Menéndez Pidal, el qual segueix insistint sobre el susdit paper d'excepció que té el castellà, en irrompre enmig de l'harmonia dels altres parlars peninsulars: en examinar la distribució geogràfica de les diverses variants que ofereixen els fenòmens lingüístics, hem hagut d'assenyalar un focus d'excepció castellà, en oposició a la resta de les terres que l'encerclen. En aquest focus la pèrdua de la *f-* d'*haya, Errant* té un gran arrelament, mentre que hom deia *faya, Ferrant* a Lleó, a Aragó i a les terres de mossàrabs; a Castella enregistrem el so excepcional de *j (fijo, muger)*, en lloc de la *ll* o *y* que trobem a la resta dels països neollatins; de la mateixa manera la *g-* perduda als mots *enero, ermano*, contra la resta dels dialectes romànics; o bé: la *ch* de *derecho, mucho*, enfront la *t* de pertot, o la *z* d'*azada, haza*, enfront *axada, faxa* de les altres regions peninsulars. Tots aquests trets són, avui, característiques molt remarcables del castellà, ben diferenciat, doncs, dels altres territoris romànics; però ara ja sabem que, a l'època primitiva, aquests trets es trobaven confinats al petit racó de la Castella més estricta i a les regions més immediates: eren una excepció castellana, enfront les solucions de la resta.

El castellà ha dut a terme, així, una fonètica específica i inusitada en el si d'un conjunt romànic que

Menéndez Pidal concentrava sobretot a la Península Ibèrica, sense deixar d'al·ludir, emperò, a la seva major extensió romànica en diversos casos. Nogensmenys, els trets més comuns als parlars peninsulars *(f-, -ll-, g-, -it-, -ix-)* no redueixen llur extensió geogràfica, com és sabut (i com ja el mateix Menéndez Pidal insinuava), a la Península Ibèrica, sinó que tenen un abast molt més gran dins la Romània, i són enregistrats, en bloc, en el domini provençal: *a*) La *f-* llatina conservada: prov. *fam* (del llatí *fame*), prov. *faire* (de *facere*). *b*) Palatalització en *ll* (i no en *j*) dels grups llatins *-c'l-* i *-ly-*: prov. *abelha* (d'*apicula*), *melhor* (de *meliore*). *c*) Conservació de *g-*, *j-* inicials: *gensar* (d'una forma hipotètica llatina *gentiare*), *gendre* (de *generu*). *d*) Modificació del primer so del grup *-ct-*, resolt, en definitiva, en *-it-*: *cueit* (de *coctu*), *fait* (de *factu*) (tanmateix, en provençal, antic i modern, el resultat *-it-* coexisteix amb el de *-ch-*: *fach*, etc., que és localitzat, avui, en unes zones determinades). *e*) Palatalització del grup *-sc-* (seguit de *e* o *i*): *peis* (de *pisce*), *aisada* (d'*asciata*). Cal, per tant, ampliar l'extensió geogràfica dels fenòmens adduïts abans, tot identificant-la amb aquella part de la Romània occidental que queda al sud del Loira, de la qual parlàvem suara. Tornem a trobar-nos, doncs, amb el límit més important que hom pot establir en el si de la Romània de l'oest: l'esmentat riu francès, que separa les zones de major i menor pervivència d'habituds de substrat, de menor i major eficiència de la romanització, i de major i menor assimilació dels ferments articulatoris germànics, respectivament, a l'ensems que allunya el domini francès de la resta dels parlars romànics occidentals.

I és precisament aquí, al si del grup coherent i concorde de llengües romàniques (del portuguès al provençal), que l'excepció del castellà esdevé veritablement important. El castellà repeteix, dintre aquest conjunt de llengües eminentment conservadores, una dissidència semblant a la del francès respecte a tota la Romània occidental, bé que no cala tan endins com aquesta darrera. Coneixem com es difongueren els trets típics castellans dintre la Península, des de la interpretació que Menéndez Pidal en féu, tot partint del cabal ingent de dades reunides dins *Orígenes del español*, i com a gran conclusió del llibre. Castella, als inicis vacil·lants de la reconquesta, és una avançada contra el sud islamitzat, però encara no té personalitat definida com a poble, ni representa cap gran cosa en els terrenys polític, cultural ni literari; els textos literaris antics s'escriuen en les modalitats lleonesa, navarro-aragonesa, riojana, que són les que corresponen a veritables entitats conegudes. En aquella època, el castellà no és encara altra cosa que el parlar d'una zona reduïda i de poc pes al nord peninsular, però, des d'un punt de vista lingüístic, ja posseeix la personalitat acusada que més tard serà pregonada pels pobles veïns assimilats i per una literatura de les més riques d'Europa. I aquesta personalitat del castellà no solament és palesa en uns trets específics, diferencials en relació amb els dels parlars del seu voltant (com els que comentàvem suara), sinó també perquè, quan la resultant lingüística castellana és comuna a tots els idiomes i parlars hispànics, Castella es dirigeix més dretament a aquesta resultant, tot avançant-se molt, en el temps, a aquells altres idiomes i parlars de la resta del país. D'altra banda, el castellà, a remolc del poble que li dóna el nom, es va estenent, amb ell, per les terres de la Península, bo i incorporant-se'n diverses que havien pertangut als antics dialectes perifèrics (lleonès, aragonès, riojà, etc.). Les fites d'aquesta difusió lingüística corresponen, com diem, a les de l'expansió territorial de la mateixa Castella: només anhelant la independència respecte a Lleó, a l'època anomenada, per això, d'hegemonia lleonesa (920 a 1067), es llança, un cop ha assolit de fer-se independent, a la lluita per la pròpia hegemonia (1067-1140), tot desposseint-ne l'antic regne de Lleó, el qual quedarà, en definitiva, subordinat a la jove i brillant monarquia castellana. A partir d'aleshores, i assegurat ja el seu predomini en el conjunt central peninsular — i fins i tot, en alguna ocasió, en el quadre de totes les terres hispàniques —, la penetració del castellà cap al sud no és altra cosa que una conseqüència de la reconquesta, que va obtenint nous territoris per als dominis de Castella, i nous parlants per a la seva llengua.

Però no fóra just que, enlluernats per l'ascensió afortunada de la història castellana, oblidéssim com era de reduït el seu focus originari. Hem de retornar a aquesta comarca primitiva, per tal com tot el que hom podrà dir sobre el castellà (especialment en comparacions entre llengües diverses) haurà de referir-se als trets típics i essencials del vell racó on la llengua fou forjada: des del punt de vista de la seva constitució lingüística, el castellà és el parlar d'aquella zona petita, i no la gran llengua universal del Renaixement. Amado Alonso ho ha dit d'una manera terminant: el castellà és, autòctonament, el parlar peculiar d'un petit illot lingüístic, i les discordances o les concordances que hom li pugui trobar respecte al català o al provençal, per exemple, només seran valedores per a aquest illot, i no per a la resta del territori peninsular. El fet que la fortuna política i militar dels castellans hagi estès després llur parlar, tot suplantant els dialectes mossàrabs del centre i del sud, el riojà, el navarro-aragonès, i, en part, àdhuc el lleonès, no esborra quinze segles d'història lingüística anteriors. Aquest és, doncs, el parlar castellà primitiu, tan reduït; aquesta és la llengua d'excepció, l'illot dissident en el si de la Romània occidental, coherent i conservadora.

Queda, doncs, clar que, dins el grup de parlars romànics format per provençal, català, aragonès, castellà, lleonès i portuguès, grup extremament fidel al llatí, molt més fidel al llatí que el francès dissident, el parlar de la petita Castella dels segles X i XI presenta, al seu torn, la nota diferencial respecte a la resta. Tornem a sentir les paraules d'Amado Alonso: dintre una geografia lingüística tan conservadora com ho és la de la Romània visigòtica, aquestes dissonàncies confereixen una fesomia singular al castellà. Per la seva part, la història justifica també la dissonància castellana. Cantàbria,

Autrigònia i Vardúlia (des de l'actual país basc fins a Astúries) foren sempre terres retirades. Els romans trigaren dos-cents anys a conquerir-les. I després de les invasions germàniques, aquesta part del nord de la Península visqué més de cent cinquanta anys al seu arbitri, no afectada per la dominació visigòtica, fins que Leovigild la hi incorporà, l'any 574. Castella la Vella es trobava al cor geogràfic de l'antiga Cantàbria. Les seves terres, romanitzades tan tardanament i tan malament, restaren, després, els primers segles de la reconquesta, aïllades lingüísticament, entre els bascos corracials de l'est, els Pics d'Europa a l'oest, i, pel sud, el desert-frontera dels àrabs. Encara al segle IX, quan els castellans surten, per primera vegada, dels límits muntanyosos de l'antiga Cantàbria per instal·lar-se a l'altiplà, allí on hi havia hagut, durant més de cent cinquanta anys, un desert estratègic, aleshores els castellans reforcen llur substrat lingüístic, ja prou important (ço és, llur romanització deficient) amb una immigració abundosa de bascos no romanitzats o tot just iniciats a la romanització. Com, a resultat de totes les premisses històriques indicades, el castellà comú ha sortit d'aquesta primera regió castellanitzada entre l'alt Ebre i el Duero, d'aquesta regió romanitzada tard i malament, i, després, rebasquitzada, en part, durant la repoblació dels anys nou-cents. Per tant, dintre el grup de les llengües romàniques occidentals, el castellà és singularitzat per circumstàncies molt afins a les que hem vist que conferien al francès el seu caràcter tan poc compartit: el futur domini lingüístic castellà és objecte tan sols d'una romanització tardana i imperfecta, la qual cosa implica la pervivència d'habituds pre-romanes no completament ofegades. Les interpretacions històriques de R. Menéndez Pidal, utilitzades amb tanta de sagacitat per Amado Alonso, han tingut continuació, darrerament, amb les anàlisis de Rafael Lapesa, el qual atribueix, en definitiva, l'adopció dels trets dissidents del castellà a la seva voluntat precisament de «fet diferencial» nacional: així els castellans, en oposar-se a les maneres de dir dels mossàrabs, de Lleó o de la gent d'enllà del Pirineu, afirmaven llur voluntat i asseguraven llur independència respecte a cadascun d'aquests focus que l'haurien pogut posar en perill.

Amado Alonso ha sabut arrodonir, amb el seu estudi, el magnífic quadre interpretatiu dels parlars peninsulars segons Menéndez Pidal, estenent-lo, d'una manera més decidida i més explícita que el seu mestre, fins al provençal, a l'ensems que feia veure la necessitat i la justícia de tal ampliació. I això és ben important per a la filiació romànica del català, per tal com les concomitàncies hispàniques que hom hi trobarà no deixaran de pertànyer a la susdita unitat superior de totes les llengües occidentals menys el francès: d'aquesta manera la comparació del català amb el gallec, per exemple, té menys de valor després de les pàgines lluminoses d'Amado Alonso, puix que es refereix a una sèrie de fenòmens bàsicament comuns a totes les llengües del grup lingüístic esmentat. Ara veiem més clar allò que abans només hem insinuat: Amado Alonso ha deixat en peu el vell tema polèmic de la subagrupació romànica del català, però ho ha fet demostrant que, al fons, l'atribució al català d'una etiqueta de gal·lo-romanisme o d'ibero-romanisme ja havia esdevingut sense importància, i que hom pot ésser gal·lo-romanista del català (és a dir, creure que el català comparteix més característiques amb el provençal que amb cap altra llengua occidental) sense deixar d'acceptar, emperò, allò que és més essencial de la interpretació menendezpidaliana: essencialment, els processos evolutius del català són els del portuguès, del lleonès, de l'aragonès, àdhuc del provençal, i només difereixen dels del castellà.

* *

Arribats ja a la fi de la nostra exposició, és hora de resumir i de recapitular les dades adduïdes, tot canalitzant-les cap a unes conclusions.

a) Les llengües catalana i castellana, procedents

ambdues del llatí parlat, pertanyen, de més a més, a un mateix grup de llengües romàniques, el grup anomenat Romània occidental. Aquest grup, que comprèn, en principi, el francès, el provençal, el català, el castellà i el portuguès, posseeix una sèrie de característiques pròpies. Tanmateix, així que intentem d'aprofundir-hi, per precisar-ne peculiaritats lingüístiques, ens veiem obligats a separar el francès de tota la resta, a causa dels seus tractaments, tan específics i tan singulars, i que, d'altra banda, la història justifica a plena satisfacció.

b) El grup restant, el de les llengües occidentals menys el francès, se'ns apareix com a més coherent i més unitari, per tal com ofereix una solució comuna a fenòmens evolutius prou importants. Dins un grup tan coherent i unitari, la recerca d'afinitats específiques del català amb els seus veïns del nord o de l'oest, no pot tenir la transcendència que molts li havien atribuït.

c) Al si del grup mencionat, que, demés, és eminentment conservador i fidel al llatí originari, cal que hom hi consideri el castellà a part; aquest s'oposa a la resta (provençal, català, aragonès, lleonès, portuguès) per uns quants trets diferencials propis, prou importants perquè fem del castellà un nou grup, separat d'aquest segon conjunt (ja reduït per l'amputació del francès). La història explica també l'escissió del castellà amb raons suficients.

d) La separació del castellà del grup occidental, pels seus trets més originals i més allunyats del punt de partença, implica una bifurcació inicial entre català i castellà: el català hi oposa solucions més generals, comunes a la Romània occidental. Des d'aquest punt de vista queda ben clar el caràcter del català respecte al castellà: aquell és més conservador, més arcaïtzant, menys evolucionat que aquest.

III. *Català i castellà*

La nostra comparació entre català i castellà serà, d'acord amb el que hem exposat al capítol anterior, compatible tant amb la formulació del gal·lo-romanisme del català com amb la del seu ibero-romanisme. En rigor, la comparació és feta entre el català (una de les llengües del grup conservador, coherent, que va del provençal al portuguès) i el castellà (un dels dos illots dissidents — francès i castellà —, bé que es trata, d'ambdós, del que s'aparta menys del conjunt).

Ací convindria de recordar els tres principis lingüístics establerts per Amado Alonso, sobre les relacions entre el castellà i qualsevol altre parlar del grup occidental conservador, i que nosaltres podem aplicar a les relacions entre el castellà i el català, un dels parlars d'aquest grup (vegeu-los exposats abans, pàgines 25-26). Hom veu tot seguit que els tres principis tenen una aplicació molt principal a la confrontació de català i castellà. El castellà és el més progressiu, el més evolucionat dels parlars del grup occidental coherent, i, per tant, dels parlars peninsulars, entre els quals hi ha el català. Aquesta major progressió i evolució del castellà ha d'ésser atribuïda, en gran part, ja ho sabem, al substrat que, com en el fenomen central de *f-* inicial llatina esdevinguda *h-*, avui no pronunciada (de *farina, harina,* dit *arina*), té una geografia que ho demostra d'una manera satisfactòria. Oposant-s'hi, el català, com a pertanyent al grup de parlars més fidels al llatí (provençal, català, aragonès, lleonès i portuguès), representa un estat lingüístic menys evolucionat que el del castellà: aquest darrer (com el francès al nord) ha dut més a l'extrem la seva evolució a partir del llatí originari: francès i castellà (més encara el primer que el segon, però fet i fet tots dos) es distingeixen de la resta de la Romània occidental per llur major allunyament i la desfiguració corresponent de la llengua mare. És lògic, doncs, de concloure que el català és més arcaïtzant que el castellà, o sigui que aquell s'ha modificat menys, en la seva evolució, que aquest.

Però el caràcter arcaïtzant del català, enfront el caràcter progressista del castellà, tal com els acabem d'enunciar, no sobrepassen la interpretació ja esdevinguda tradicional. La manera de resoldre ambdues llengües uns quants trets fonètics ens ho ha reiterat abans (vegeu el capítol anterior): el català és més fidel al punt de partença llatí, amb les solucions dites allí *(falç, fulla, gendre, fet, aixada)*, que no pas el castellà amb les seves *(harina, consejo, echar, leche, haz)*. Nogensmenys, la comparació entre les dues llengües no s'esgota amb l'acarament d'una i altra que hem fet fins ara. Si el català és més arcaïtzant que el castellà en uns fenòmens fonètics que han cristal·litzat en solucions divergents en ambdues llengües, és natural que llur caràcter diferent tingui d'altres manifestacions. I d'aquestes manifestacions possibles, ara en retindrem la següent: molt sovint el català modern es troba en estats de llengua que han estat només etapes intermèdies en castellà, el qual les ha superades en el decurs de la seva història, de manera que, des d'aquest punt de vista, el català (antic i modern) és comparable i afí al castellà antic, però no a l'actual. Dit d'una altra manera: el to més arcaic o de major fidelitat al llatí que distingeix el català respecte al castellà es palesa amb el fet que molts aspectes lingüístics que són, avui, típics del català, eren molt més generals a la Romània en segles anteriors, sobretot en la seva fase medieval, i afectaven àdhuc el castellà: així és com, examinant paral·lelament molts fenòmens d'història lingüística en català i en castellà, un hom es convenç que el català porta un retard de segles en relació amb la llengua veïna. És natural que, com més amunt ens remuntem història endins de les llengües romàniques, el nombre de coincidències haurà d'ésser més crescut, per tal com ens acostarem a la font comuna de totes elles; és forçós, doncs, que en aquestes fases primitives, i encara en qualsevol fase anterior a la moderna, les semblances augmentin. Atès que, d'altra banda, les evolucions lingüístiques són governades per un bon nombre de circumstàncies, que difereixen considerablement d'una llengua a una altra, haurem de trobar també molt natural que llurs desenrotllaments ulteriors no hagin estat uniformes ni coincidents, ni de lluny. Aquesta mancança d'uniformitat i de coincidència explica les desigualtats entre català i castellà que assenyalarem a continuació, en el sentit indicat d'evolució detinguda o retardada d'aquell respecte a aquest. Només en presentarem una selecció d'exemples, just els suficients per a fer comprendre la tesi general enunciada, tot insistint sobre els de sintaxi, part que tradicionalment ha estat menys treballada que les altres.

Els sons

Consonants sordes i sonores: És sabut que, en la pronunciació de les consonants, el català i el castellà difereixen, avui, perquè el primer posseeix una sèrie doble de sordes i sonores en ocasions per a les quals el segon no disposa més que d'articulacions sordes. La *-s-* intervocàlica (o en fi del mot davant la vocal inicial de mot següent) n'és un exemple típic: *casa, dos arbres* es pronuncien amb *-s-* sonora, i es distingeixen de manera sistemàtica de la sorda corresponent, que trobem als exemples *caça, dos sabres.* Trobem una diferència semblant entre sorda i sonora en les articulacions sibilants en general: *potser,* i *dotze, tots fan això* i *tots a l'hora* (alveolars africades, sorda i sonora, respectivament, dintre cada grup); *faixa* i *fageda, creix pertot arreu* i *fereix el cor* (palatals fricatives, sorda i sonora, com abans); *butxaca* i *pitjor, mig pa* i *mig enfadat* (palatals africades, com abans). Res d'això no ocorre, avui, en castellà; però, com és sabut, aquesta llengua posseïa, a l'Edat mitjana i fins al segle XVI, tres parells de sorda i sonora, que ortografiava així: 1) *ss* i *s*, que eren alveolars fricatives sorda i sonora, respectivament, com les dues *ss* i *s* del català; exemples: *passar, casa*; 2) *ç* i *z*, que foren, primer, alveolars africades, sorda i sonora, com els sons catalans *ts* i *tz*; exemples: *çielo* (pronunciat *tsielo*), *plaza* (pronunciat *platza*); després ambdues se suavitzaren i esdevingueren fricatives interdentals, sorda (com en *çielo*, pronunciat ja com en castellà modern) i sonora (com en *plaza*, però pronunciat amb un so semblant a la *th* sonora de l'anglès), respectivament; 3) *x* i *j* o *g*, que representaven articulacions prepalatals esdevingudes fricatives, l'una sorda i l'altra sonora, com els sons catalans *ix* i *j* o *g*; exemples: *dixo, coger*. Doncs bé, aquests tres parells de sons (ortografiats *ss-s, ç-z, x-j* o *g*) perderen, en el decurs del segle XVI, les articulacions sonores corresponents. Amb això, i amb el canvi articulatori de la *x* (que es convertí en la uvular moderna *j*), quedava ja fixada la pronunciació moderna dels sis sons antics. Tenim, per tant, un estat de llengua en el qual el català i el castellà antic coincideixen (exceptuades algunes diferències importants, quant a les modalitats d'articulació dels sons corresponents), i que, després, ha estat superat i rectificat pel castellà, amb la pèrdua de les sonores en cada cas, mentre el català d'avui segueix mantenint la distinció fonològica de sordes i sonores (bé que en canvi de certes modificacions).

Articulacions africades i fricatives: És sabut que el llatí vulgar es caracteritza per la formació de diversos sons africats, i que la Romània naixent ha continuat tenint la mateixa tendència. Així, les llengües romàniques han aparegut amb consonants africades, de manera que si n'establíem la prelació segons llur grau de fidelitat al llatí originari, aquesta prelació vindria a coincidir amb el cens d'articulacions africades que posseeixen en l'actualitat (per no complicar massa les coses, només ens fixarem en el francès i l'italià, ultra, naturalment, el català i el castellà, que són l'objecte preferent d'aquestes pàgines). Així aniríem de l'italià (llengua que conserva bé les africades) fins al francès (llengua que les supera ben aviat), a través del català (on se'n mantenen encara algunes) i del castellà (que només en posseeix una de constant).

a) Italià. Tenen articulació africada: *c+e, i (voce, baci); ci*+vocal *(cielo); g+e, i (angelo, giro); gi*+vocal *(giardino); z-* inicial *(zio); zi*+vocal *(orazione);* vocal+*nza (speranza); zz (prezzo, giovinezza).*

b) Català. Tenen articulació africada fixa: *ts (potser); tz (gatzara); tx* o *ig (cotxe, rebuig); tj* o *tg (jutjar, homenatge).* Amb africada ocasional hi ha les consonants inicials *x- (xacra), j- (jove),* i *i- (iode).*

c) Castellà. Només la *ch* té articulació africada fixa *(muchacho),* i només la *y* en té d'una manera ocasional (*cónyuge, yo* quan és dit amb èmfasi).

d) Francès. No té, avui, cap articulació africada (per tal com les de la llengua antiga esdevingueren fricatives).

Hom pot haver remarcat com, a mesura que ens allunyem de l'italià, llengua que, des de qualsevol punt de vista, es mostra més fidel al llatí originari, anem trobant una escala decreixent en el nombre d'articulacions africades, per aquest ordre, en català, en castellà i en francès. El francès és, ja ho hem comentat àmpliament al capítol anterior, la llengua d'excepció dins la Romània occidental, la que ha dut més en un extrem la seva evolució progressiva; i, així, va superar, fa ja segles, les seves africades primitives.

El català i el castellà resten ara, com en tants d'altres aspectes, entre l'italià i el francès. D'ambdós, el català pertany a la zona més conservadora, mentre que el castellà repeteix, bé que amb intensitat menor, el paper discordant del francès. D'acord amb aquesta actitud lingüística de conjunt, el català actual manté el sistema d'africades més fermament que el castellà. Demés, cal que no oblidem una dada que confirma l'estat d'anterioritat general que el predomini dels sons africats suposa: en els casos vacil·lants entre consonant africada o fricativa del català modern (com en la *j-* inicial, de *jove* o *ginesta*, per exemple), trobem més tost la modalitat africada als dialectes (parlars occidentals, balear) que no pas a la llengua comuna i literària (i al parlar central o barceloní); atès que, en general, aquells parlars són arcaïtzants en altres aspectes (de vocabulari, de morfologia, àdhuc de fonètica), és natural que la tendència més decidida a emprar sons africats sigui enregistrada a les zones que mantenen millor estats de llengua anteriors, que la llengua literària ha anat superant.

El català posseeix, doncs, dos parells de sons africats: són els que, deixant a part altres solucions ortogràfiques, són expressats per *ts* (sord) i *tz* (sonor), ambdós alveolars, i per *tx* (sord) i *tj* (sonor), ambdós palatals. De cara a la nostra comparació amb el castellà, i per tal de poder seguir afirmant que el català manté estats de llengua que el castellà ha superat temps ha, cal que examinem què ens ofereix el castellà medieval en aquest punt. Doncs bé, els darrers decennis hem sortit ben bé de dubtes: avui tothom admet la pronunciació africada de les consonants del castellà antic *ç* i *z* (de les quals ja hem parlat), que eren quasi *ts* i *tz* respectivament (és a dir, alveolars africades, la primera sorda i la segona sonora), modalitats africades que duren ben bé fins al segle XVI, però que desapareixen a la fi de la mateixa centúria, substituïdes per una fricació interdental que iguala els dos sons antics, abans diferents, en l'únic so *z* de la llengua moderna. Encara hi ha l'altre parell: *tx* i *tj*. Les africacions produïdes en el llatí vulgar comú marcaren, durant segles, l'estat lingüístic pre-romànic amb aquestes pronunciacions: en trobem una prova a la fonètica del francès primitiu (sons, d'antuvi africats, resolts després en els fricatius corresponents); sembla, doncs, que hom pot concloure'n que la *j* del castellà antic tingué, de primer, el matís d'africada, i els historiadors de la llengua més conspicus ho donen per descomptat. En suma, també ací veiem que el català modern es troba en una situació semblant a la del castellà medieval, però que aquest superà la semblança, trencant, una vegada més, la relativa comunitat idiomàtica que ambdues llengües formaven.

Altres aspectes fonètics: Encara adduirem un parell més de trets fonètics. Com abans, també aquests presenten un clar paral·lelisme entre català i castellà, però només a l'època medieval, puix que, més tard, el castellà supera i abandona la pronunciació coincident, la qual, en canvi, perviu en català, comú o dialectal. Pensem en la *l* de ressonància velar, i en la *v* labiodental. Com és sabut, un dels sons que més enlletgeix el castellà parlat per catalans és la *l* amb ressonància velar, típica de la llengua catalana: bé que la seva articulació sigui alveolar efectivament (ço és, dental en sentit lat), el postdors de la llengua forma, retraient-se, una zona àmplia de ressonància a la part velar de la cavitat bucal, de manera que la *l* catalana produeix l'efecte d'un so velar. Doncs bé, aquest so l'articulació del qual denuncia, dins la fonètica castellana d'avui, la forasteria lingüística de qui l'emet, fou molt corrent en castellà primitiu: la *l* velar era un d'aquells trets que caracteritzen la fase arcaica de les llengües romàniques, com ho demostren totes elles en general, ni que sigui a través d'evolucions secundàries. Així, és cosa provada que el castellà antic posseí una *l* amb forta ressonància velar, que facilitaria la vocalització d'aquesta *l* en *u*: no podríem explicar d'altra manera el cast. *otro* (del llatí *alt(e)ru,* esdevingut *autru,* que monoftongà *au* en *o*), o bé el nom de lloc *Montoto* (que ve del llatí *monte-altu,* fet *mont-autu*), o bé l'asturià *esmucir* (llatí *ex-mulgere* — en relació amb l'ètim que ha originat el cat. *munyir* —, transformat en *esmulcir* i després *esmuucir* i *esmucir,* i que significa «munyir»), etc. La fonètica històrica del català i la del castellà tenen, doncs, un altre tret comú, en l'evolució del grup de «vocal+*l*+consonant»: l'inici de diversos processos de vocalització de *l* en *u* (com el cat. antic *autre,* o l'esmentat nom de lloc *Montoto*), després superats, en la majoria de casos, per una solució llatinitzant (cat. modern *altre,* cast. modern *alto*).

Una altra mostra de la comunitat idiomàtica medieval entre català i castellà és l'articulació de la consonant escrita *u* als manuscrits i que avui hom ortografia *v*. La *b* i la *v* llatines es confongueren en un sol so, com la transmissió manuscrita medieval i la confusió moderna d'ambdós sons ho demostren. Fins fa poc tothom havia cregut que l'antiga *v* del castellà tenia articulació bilabial (com té avui, que igual es pronuncia la *b* de *beber* com la *v* de *vivir*). Però Amado Alonso ha demostrat categòricament que la *v* castellana medieval tenia una articulació labiodental fricativa (com la del fr. *vivre*), i que la igualació *b*=*v* no s'assoleix fins a la gran revolució fonètica del castellà en el decurs del segle XVI. El castellà antic distingia, doncs, la *b* de la *v*; el català medieval també pronunciava les dues consonants de manera diferent, la qual pronunciació s'ha conservat fins avui en zones extenses de parla catalana: el balear, el valencià (però no el valencià central), el Camp de Tarragona i la ciutat d'Alguer (Sardenya) segueixen pronunciant la *v* labiodental, clarament oposada a la *b* bilabial. També en aquests aspectes, doncs, el català conserva, d'una manera o altra, un estat que el castellà ha abandonat en èpoques anteriors a l'actual.

Les formes

L'article determinat: Si, sortint ja del camp de la fonètica, passem a les altres parts de la gramàtica, trobarem nous paral·lelismes entre català (antic i modern) i castellà (només antic), comparables amb els que hem enregistrat quant als sons. Sempre en concloem que els paral·lelismes antics ja no existeixen en l'actualitat, per tal com el castellà, més evolucionat, ha rectificat la via evolutiva d'altre temps, tot superant estats pretèrits de llengua que el català manté encara. Dels diversos casos que hom pot estudiar a propòsit de les formes gramaticals, n'hem escollits dos: l'article determinat i la tercera conjugació llatina.

Com és sabut, els articles de les llengües romàniques procedeixen, al més sovint, de demostratius llatins (o mots comparables), i, àdhuc des del punt de vista del significat, els articles són, també, una mena de demostratius atenuats, uns demostratius que han perdut la possibilitat de concretar la situació espacial (en un dels tres termes de la demostració) de l'objecte que determinen. Això ens explica que qualsevol demostratiu llatí hagi pogut originar l'article romànic; en efecte, bé que els derivats d'*ille* han prevalgut, en general, com a articles de les llengües romàniques, no podem oblidar dos fets: el primer, que els parlars romànics primitius empren qualsevol demostratiu llatí (o l'antic pronom d'identitat, *ipse*) amb valor evident d'article, i, el segon, que l'article derivat d'*ipse* s'ha mantingut fins avui a diverses zones arcaïtzants de la Romània (Sardenya, Gascunya, etc.), entre les quals cal comptar unes certes contrades dels dominis de llengua catalana. Així, aquest article es troba avui a les Illes Balears, i en una faixa llarga i estreta de la Costa Brava (on, tanmateix, avui està ja en una situació poc menys que agònica).

Aquesta és la situació general de l'article a les terres catalanes. Per tant, el català és una de les llengües romàniques que conserva l'article derivat d'*ipse* i que, malgrat la generalització ja medieval d'*ille*, no ha pogut superar del tot l'arcaisme que les esmentades solucions dialectals d'avui representen. Perquè cal no oblidar que l'àrea d'*ipse* fou, sens dubte, molt més estesa a la Catalunya que plasmava el seu idioma que no ho és avui: molts noms de lloc en són testimoni: *Sant Joan Despí, Sant Just Desvern, Sant Hilari Sacalm, Puigsacalm, Palau Sacosta, Collsuspina*, etc., demostren que, en època arcaica, l'article local era *ipse*: «Sant Joan del Pi», «Sant Just del Vern», etc. Doncs bé, aquest estat de convivència d'*ille, ipse* i d'altres articles encara, és característic, igualment, del castellà arcaic. Menéndez Pidal ho ha resumit així: en castellà primitiu, la significació pròpia dels demostratius és, a vegades, tan atenuada, que funcionen, de fet, com a simples articles, resta indubtable de l'època anterior al triomf complet d'*ille* en aquesta comesa. I n'esmenta alguns exemples: «et andido toda *essa* noche», «*es* día es salido», etc. Amb l'article determinat tenim, doncs, un altre cas de paral·lelisme antic entre català i castellà, desfet per l'evolució progressiva d'aquest darrer.

La tercera conjugació llatina: Podem afirmar quelcom de semblant respecte a la conservació de la tercera conjugació llatina (*-ere,* amb *e* breu). És cert que el mateix llatí ja vacil·lava amb alguns verbs sobre l'accentuació que els corresponia (o sigui sobre si eren de la segona o de la tercera conjugació, i així tenia *férvere* o *fervére, ólere* o *olére,* etc.). Així no és d'estranyar que les llengües romàniques ofereixin exemples, tant del pas de la segona conjugació a la tercera, en diverses ocasions (*respóndere, móvere, débere*; com són els derivats catalans *respondre, moure, deure*), com de l'anivellament en sentit contrari (en casos del tipus de *sapére capére, cadére,* que expliquen els derivats castellans corresponents *saber, caber, caer*; els dos primers són també compartits pel català, que, amb tot, no desconeix formes no anivellades, dialectals: *sebre,* o de la mateixa llengua comuna: *cabre*). En castellà la fusió d'ambdues conjugacions llatines a favor de la segona ha estat la llei general: cast. *correr* (enfront el cat. *córrer,* del llatí *cúrrere*), *romper* (enfront el cat. *rompre,* del llatí *rúmpere*), etc. Nogensmenys, la fusió no fou tan assolida que no permetés la perduració, almenys durant una època, de diverses restes de la tercera conjugació primitiva, la qual perduració pot ésser concretada a l'entorn de tres verbs que apareixen en castellà primitiu: el verb llatí *fác(e)re,* l'accentuació del qual explica les formes del cast. arcaic *far* i *fer* (i *fère*) (per *hacer*), *femos* (per *hacemos*), *feches* (per *hacéis*) i *fech* (per *haced*); el verb *vád(e)re,* que dóna *vamos, vades,* etc., i el verb *tráh(e)re* (corresponent al modern *traer*), que origina l'imperatiu *tred.* Afegim-hi els noms de lloc formats damunt *vívere* (*Benbíber*, *Benviure*, etc., en els quals, però, cap idea verbal no és percebuda.

Veiem, doncs, com el castellà primitiu arrossega encara pervivències de la tercera conjugació llatina; és un arcaisme que es troba en oposició franca amb la tendència més operant damunt la llengua, quant a l'accentuació verbal, que és, com hem dit, l'anivellament a favor de la segona conjugació. Aquestes pervivències són superades aviat pel castellà, que les elimina perquè han esdevingut arcaiques i perquè estan en contradicció amb les tendències victorioses en morfologia verbal. El parallelisme del castellà antic (anterior a la simplificació de les formes que acabem d'assenyalar) amb el català és, una vegada més, evident. Cal que remarquem ací, naturalment, el paral·lelisme material i concret dels verbs esmentats (cat. *fer*, *fem*, *feu*; *vam-vem*, *vau-veu* del perfet perifràstic: *vam cantar*, etc.; l'infinitiu *traure* i *treure*, però no l'imperatiu, que avui té accentuació analògica); però el paral·lelisme general és encara més remarcable, per tal com retrata més bé, per dir-ho així, l'actitud del català davant fenòmens crucials de la gramàtica: enfront l'anivellament radical del castellà a favor d'una sola conjugació, la conservació catalana de les dues conjugacions llatines, la qual conservació vol dir que els quadres gal·lo-romànics han actuat a l'ensems que els ibero-romànics. Tal conservació doble del català, de més abast, ha de coincidir, doncs, amb la del castellà antic, fugaç i transitòria, i és així que ens ha ofert els exemples d'un nou cas de concordança entre ambdues llengües, que el mateix castellà s'encarrega, poc temps després, d'eliminar per superació.

La frase

Concordança del participi: Les llengües romàniques presenten constantment, en llur primera fase, el participi concertat amb el complement; alguns exemples: català: «la gràcia e la mercè que Deus m'ha *feta*»

(R. Llull); castellà: «la lança a *quebrada*» *(Cid)*; francès: «cels qui avoient *faite* la meslee (Villehardouin); provençal: «cum ac *presa* la toala» *(Evangeli)*. Amb aquests usos, ens trobem encara molt a prop dels valors llatins del participi i, a l'ensems, del significat, també llatí, d'*habere* «tenir», la qual cosa justifica les construccions concertades: en efecte, si *habeo paratum* significa, en principi, «tinc preparat», això pressuposa tota una flexió (*habeo paratos*, i els femenins). El verb *haver* va lentament alleugerint-se del seu significat originari de «tenir» i, més lentament encara, el participi va tèndint a immobilitzar-se en la forma neutra i invariable que veiem als moderns cat. *he preparat* o cast. *he preparado*. El castellà antic supera aviat, molt aviat, la concordança del participi: al mateix *Cantar de Mío Cid* ja trobem, juntament amb els casos d'acord («*vedada* l'an compra»), alguns participis invariables («*dexado* ha heredades e casas e palacios»), i, bé que la llei de la concordança sembla ésser més observada al segle XIII que al XII, també és cert que ja no manquen mai participis sense concertar (al *mester de Clerecía*, a l'*Arcipreste de Hita*, etc.), fins que aquesta construcció sintàctica (el participi invariable) es generalitza al segle XV, a desgrat d'alguna pervivència esporàdica de concordança, àdhuc al segle XVI i tot. El castellà entra, doncs, a l'època del seu apogeu literari amb la regulació de l'ús del participi que, quant a la concordança, queda establert ja aleshores, i de tal manera que fins avui no ha estat encara modificat.

Ben altrament ocorre amb el participi en català. La seva concordança amb el complement del verb és general a la llengua antiga, en correspondència amb el procés esmentat, que ja havia començat en llatí vulgar. Però l'ús concertat, en lloc de mostrar cap tendència a desaparèixer, es manté ben normalment a la literatura catalana antiga, ha anat pervivint en el parlar corrent fins a l'època moderna, i es troba, encara avui dia, relativament ben defensat en el parlar del poble d'algunes zones, sobretot en balear i també en valencià. Mossèn Antoni M. Alcover, partint del que havia observat als vells textos i de com ell mateix resolia la construcció (segons el parlar de la seva contrada nadiua de Manacor), encara podia sostenir, al Primer Congrés Internacional de la Llengua Catalana (Barcelona 1906), que l'acord del participi era una llei interna de la llengua catalana, i que l'ús no concertat havia d'ésser titllat de castellanisme. És cert que Pompeu Fabra presentà al Congrés una esmena total a les conclusions de mossèn Alcover, fent veure que l'ús concertat del participi formava part d'una evolució que, resolta més o menys ràpidament, han conegut totes les llengües romàniques. Però si hem adduït la tesi de mossèn Alcover ha estat com a símptoma: aquesta tesi hauria estat inconcebible en castellà, i, si no ho era en català, volia dir que quelcom hi havia, encara, en aquesta evolució, que no havia acabat de madurar.

Tot això no obstant, la llengua més comuna ja no practica la concordança del participi. Avui la construcció més generalitzada dins el domini lingüístic català és el participi invariable: «ha *tancat* la porta»; «hauran *portat* els llibres». Tornem a dir, emperò, que la superació d'aquesta llei sintàctica és una cosa molt recent en català, com la seva mateixa vitalitat hodierna en terres de Mallorca i de València ens ho prova, enfront l'actitud primerenca i decidida del castellà, que ja assenyalava el camí futur en el vell poema cidià. Hi ha més, encara: com és sabut, segons les regles gramaticals vigents, el participi català pot concertar amb el complement del verb quan aquest és un pronom de tercera persona *(el, la, els, les, en): l'ha vist* (el llibre), *l'ha vista* (la llibreta), *els ha vistos* (els llibres), *les ha vistes* (les llibretes), *n'ha vistos* (de llibres), *n'ha vistes* (de llibretes), i cal recordar que aquest principi gramatical recolza en el sentiment lingüístic més pur. Tanmateix cal reconèixer que el parlar corrent, i concretament el barceloní, eviten avui les construccions concertades, i que així generalitzen l'ús invariable del participi *(l'ha vist, els* o *les ha vist, n'ha vist)*, cosa que la mateixa norma preceptiva admet com a correcta. Estem arribant, doncs, a la fi d'una corba que ha durat segles i que fou recorreguda totalment pel castellà a un ritme molt més viu.

Els verbs copulatius: La distinció dels dos verbs copulatius *ésser* i *estar* és una de les peculiaritats idiomàtiques de les llengües de la Península Ibèrica. Per a expressar les oracions atributives, el català i el castellà coneixen, doncs, dos verbs diferents (que en la majoria de llengües corresponen a un de sol). L'estudi i la classificació dels valors d'aquests verbs en ambdues llengües ens duria a un tractat monogràfic de tals proporcions, que el més petit intent d'incorporar-lo a aquestes planes, ni que fos d'una manera resumida, esdevé impossible. Tenint en compte els susdits valors comparats, ens limitarem a treure'n un argument més per a la nostra explicació del caràcter més arcaïtzant del català respecte al castellà. Com succeeix en els casos ja estudiats, el català i el castellà medievals apareixen amb un nombre més elevat de trets comuns que el dels que permeten de relacionar-los avui, i aquesta comunitat de trets lingüístics es desfà, gairebé sempre, perquè el castellà és el que supera uns estats de llengua als quals, en canvi, el català roman més fidel.

Així esperem de fer veure com diversos criteris específics sobre el verb substantiu del castellà antic s'oposen als criteris corresponents del castellà modern, però resten com a típics del català d'avui. Vegem-ne tres. *a*) Ambdós verbs eren emprats, en castellà primitiu, amb la significació d'«una persona trobar-se accidentalment en un lloc», però *ser* hi predomina, amb força diferència, damunt *estar*: cast. «con ellos *son*» (avui seria: «con ellos *están*»; compareu el cat. «*són* amb ells»); recordem la locució cidiana, tan sovintejada, de «quantos que y *son*» (avui: «cuántos *están*»; cat. «tots els qui hi *són*»); altres exemples: «dentro *es* su mugier» (avui: «dentro *está* su mujer»; cat. «la seva dona *és* dintre»); «¿o *eres* mío sobrino?» (avui: «¿dónde *estás?*»; cat.: «on *ets?*»); «fuera *era* en el campo» (avui: «fuera *estaba*»; cat.: «*era* a fora»). *b*) El verb *ser* era emprat gairebé exclusivament per a expressar el significat d'«una cosa trobar-se en un lloc»; exemples: «el mío hospital, que *es* çerca del dicho monesterio» (avui: «que *está* cerca»; cat. «que *és* a prop»); «aquellas casas que *son* en las tenerías de Sancta Gadea» (avui: «que *están*»; cat. «que *són*»). *c*) Amb els participis, avui *estar* és emprat per a designar una idea adjectiva que expressi la manera o la disposició del subjecte, o la terminació de l'acció, però el castellà primitiu construïa molt sovint aquests casos amb *ser*: «abiertas *son* las puertas, duerme la Muslemía» (avui: «abiertas *están*»; cat. «*són* obertes»); «la cena *es* adobada» (avui: *está*; en cat. tindrem, avui, *és* o *està*, segons que predomini l'aspecte «dispositiu» o l'aspecte terminatiu de l'acció). Encara al *Quijote*: «su barba que *era* hecha de la cola de un buey» (avui: «que *estaba* hecha»; cat. «que *era* feta»). Com hom ha pogut remarcar, el català es manté, al més sovint, en l'estat lingüístic antic, coincident amb el castellà primitiu, quant als usos de *ser* i *estar*.

En canvi, no deixem d'enregistrar d'altres ocasions que han estat, per a ambdues llengües, de substitució progressiva de *ser* per *estar*, la qual cosa tant demostra el sentit de l'evolució (cap al predomini d'aquest darrer), com fins a quint punt és arcaïtzant de conservar l'antic *ser* (i això és el que fa el català una vegada i altra). Heus aquí, doncs, un parell de mostres del procés que porta de *ser* a *estar*, en casos que afecten ambdues llengües: *a*) El castellà antic *ser cansado* i el català antic *ésser cansat* (avui és només dialectal i rústic, però bon xic estès en aquests medis) són, avui, respectivament, *estar cansado* i *estar cansat*. *b*) L'adjectiu *alegre*, malgrat que indicava una qualitat passatgera, es construïa, a l'Edat mitjana, amb *ser* tant en català («la ost *fou* alegra la nuyt», de la Crònica de Jaume I) com en castellà («todos *eran* alegres», *Cantar de Mío Cid*), mentre que avui, referit a un estat transitori, exigeix *estar* en ambdues llengües. Cal reconèixer que en català el verb *estar* s'obre pas, els darrers temps, a costa del camp semàntic d'*ésser*. La gramàtica normativa lluita, naturalment, a favor del genuí *ésser*; nogensmenys, no hem de veure, en aquesta extensió desmesurada d'*estar*, un castellanisme sistemàtic, sinó que molt sovint es tracta de les darreres etapes d'una evolució que el castellà realitzà en poc de temps, però que en català ha estat lenta i laboriosa.

Perífrasis verbals: El món gramatical de les perífrasis verbals conté un gran nombre de matisos significatius, i, també ací, és pràcticament impossible d'assajar ara una comparació global de les construccions perifràsiques catalanes i castellanes. Ens limitarem a uns pocs casos expressius, i de cara a la nostra tesi sobre l'arcaisme de la sintaxi catalana. Fixem-nos, d'antuvi, en l'ús d'*ésser* com a auxiliar: en castellà antic, els verbs intransitius, en general, i els anomenats reflexius propis demanen d'ésser auxiliats amb *ser*, en lloc del modern *haber*; només cal recordar uns quants exemples cidians, prou coneguts: «venidos *son*», «*son* llegados», «*era* descavalgado», «*es* levantado», «*era* puesto el sol», etc.; bé que el mateix *Cantar de Mío Cid* ofereix algunes vegades avanços de la construcció que més tard havia de vèncer («*an* entrado», «*ovo* corrido», etc.), al més corrent l'auxiliar *ser* es manté durant molt de temps: *ser* i *haber* alternen fins al segle XVI, i aquell només al llarg del XVII va decreixent, fins a caure en l'oblit. Malgrat que aquest procés ha estat més laboriós que d'altres que hem adduït abans, el castellà ha acabat per regular l'ús d'*haber* com a auxiliar de tots els verbs de la llengua. Com sempre, el procés ha estat molt més lent en català: l'auxiliar *ésser* o *ser* es troba constantment, a la literatura antiga, amb els verbs pronominals i els intransitius, i avui té encara molta vitalitat en parlars dialectals (sobretot a Mallorca i per terres gironines, on s'arriba a l'extrem d'auxiliar amb *ésser* àdhuc alguns verbs transitius: «*só* vist el seu pare»); la vella construcció ha romàs fins i tot en la llengua comuna i en barceloní, en algunes locucions concretes, com: «on s'*és* vist això?». Bé que governada per la mateixa tendència general a universalitzar el verb *haver* com a auxiliar, la llengua catalana l'ha obeïda amb un retard remarcable, si en fem la comparació amb el castellà.

La història de la sintaxi verbal romànica, i d'una manera especial de la castellana, es caracteritza pels retrocessos ininterromputs de l'antiga veu passiva, modalitat expressiva que no ha estat mai popular, ni en llatí ni en romànic. Així, la veu passiva era molt més emprada al *Cantar de Mío Cid* que no ho és al castellà d'avui dia, com ho veiem perquè el castellà modern prefereix els girs impersonals. La mateixa estructura primària de la frase: «*echados somos* de tierra» *(Cid)*, seria avui: «nos echan»; «el sabor que dend e non *será olbidado*» *(Cid)* seria avui: «no lo olvidaré», etc. En català enregistrem un procés semblant, però, com sempre, el ritme hi és molt més lent: el català literari, antic i modern, ha fet sempre molt més ús de la veu passiva que no el castellà; avui, encara, si és cert que hom ja no admet els girs passius en el parlar més corrent ni en la literatura espontània, ells són els que forneixen les maneres més genuïnes de la llengua correcta, singularment de la prosa de caire científic.

La preposició *de* és, molt sovint, l'enllaç entre els dos elements verbals de la perífrasi. Si limitem la nostra observació als verbs de «dir» i de «pensar», remarcarem que aquest enllaç mitjançant *de* és típic del castellà medieval: només cal recordar algunes fórmules del llenguatge èpic castellà, tals com *pensar de cavalgar*; d'altra banda, l'ús de la preposició *de* d'enllaç és encara freqüent als textos del Segle d'Or de la literatura castellana: «determiné *de* encerrar la fiera que había nacido» (Calderón de la Barca), o bé: «determinó *de* buscar el fin de tantas personas como faltaban» (Vicente Espinel). En català, l'ús de la preposició *de* constitueix la manera més genuïna d'introduir l'infinitiu dependent, amb una llarga tradició a la història de l'idioma. I, encara avui, *ha resolt de fer-ho així* és tingut per més correcte que *ha resolt fer-ho així*. Tanmateix, és forçós que reconeguem que el nexe prepositiu apareix ben poc al parlar corrent, i que és omès en moltes ocasions, àdhuc de la llengua escrita. Però, malgrat tot, és, evidentment, un tret sintàctic que ha perviscut fins avui, mentre que desaparegué en castellà amb força anterioritat.

El subjuntiu de subordinació: Els començos de les llengües romàniques són marcats per una tendència decidida a expressar fixament allò que és una realitat objectiva en mode indicatiu. Més tard, el subjuntiu hi va essent introduït, malgrat que es tracti d'accions reals, de manera que la llengua es val del mode subjuntiu per a assenyalar el fet de la subordinació: el verb en subjuntiu vol dir verb subordinat, però, en canvi, l'acció així expressada tant pot ésser real (típica de l'indicatiu) com possible, dubtosa, etc. (típiques del subjuntiu). Les llengües romàniques repeteixen, així, i ben curiosament, una evolució que ja s'havia produït del llatí arcaic al llatí clàssic; la victòria del subjuntiu com a signe de subordinació denotarà, doncs, una major experiència dels usos idiomàtics. Les dues fases d'aquest procés (indicatiu i subjuntiu) es fan paleses amb els exemples següents: el castellà antic deia: «quando los gallos *cantarán*» *(Cid)*, però avui fóra: «cuando los gallos *canten*» (o més ben dit: «cuando *amanezca*»); el castellà antic deia: «me plaze que *fizo*» *(Cid)*, però avui fóra: «me place que *haya hecho*». La substitució de l'indicatiu antic pel subjuntiu modern no ha estat pas una tasca senzilla per a la llengua castellana: hom enregistra vacil·lacions encara al Segle d'Or, però, per fi, la llengua moderna ha establert els seus usos modals definitius.

El català participa de la mateixa tendència a assenyalar la subordinació mitjançant l'ús del subjuntiu, però, com sempre, amb un retard de segles: la literatura antiga presenta, en general, l'indicatiu ben mantingut: «quan lo *sabràs*»; «quan *haurets* haüt vostre acort», etc. Partint de la construcció clàssica, la llengua literària moderna, i, amb ella, la gramàtica normativa vigent, prefereixen l'ús del futur en casos com els esmentats («quan ho *sabràs*»). El futur és popular en algunes contrades, com les Balears i València; nogensmenys, cal reconèixer que, a la resta del domini lingüístic, ha anat desapareixent, substituït pel mode subjuntiu («quan ho *sàpigues*»). Hom ha enregistrat algunes construccions amb subjuntiu ja en català medieval («quan *vingua*», enfront el tipus predominant de «quan *vindrà*»), i hem de veure, en aquests exemples escadussers, anticipacions fugaces d'un procés general romànic que s'imposa abans en castellà, però que ja s'insinua, en el mateix català, en èpoques en les quals la solució habitual és encara la de l'indicatiu. Constatem, doncs, novament, un procés sintàctic que, cancel·lat ja fa segles en castellà, només a l'època actual venç en català, i que encara trigarà molt de temps a estendre's completament per tot el domini lingüístic.

Els adverbis pronominals: Continuant una tendència del llatí vulgar, diversos adverbis originaris són emprats a les llengües romàniques amb valor de pronoms; enregistrem, amb aquesta funció, les formes del castellà antic *y, ende,* i les catalanes *hi, en.* El castellà hereta del llatí els adverbis pronominals esmentats, i això fa que, incorporats a la llengua, apareguin correntment als textos medievals. Però hom remarca ben aviat una tendència innovadora del castellà: la llengua s'orienta de cara a la pèrdua futura d'aquests complements adverbials: si examinem els significats de *y* i *ende* en castellà (més pobres, menys variats que a la resta de les llengües romàniques), i llur col·locació respecte al verb (que fa que no sempre puguin ésser considerats elements oracionals àtons, com ho són en general pertot), no ens sorprendrà que *y* i *ende* sofreixin tot seguit la concurrència de diversos adverbis i locucions pronominals fixament tònics (*allí, allá, de ello, de allí,* etc.); i tot plegat fa que, en realitat, els adverbis pronominals no semblin mai totalment arrelats en castellà, que hi facin la impressió de menys espontanis que a les altres llengües romàniques. És que, durant aquesta època medieval, es prepara el clima per a una singularització castellana més, la qual ja no es farà esperar molt: en efecte, en el decurs del segle xv, els antics adverbis pronominals *y* i *ende* desapareixen de la llengua. En canvi, el català, que ja presenta un ús medieval ple i arrelat dels adverbis *hi* i *en* en construcció pronominal àtona, els ha mantinguts fins avui, amb tots els matisos significatius i totes les possibilitats de construcció, i els conserva sense la més petita clivella, tant a la llengua escrita com a la parlada, tant a la modalitat comuna com als dialectes (amb l'única excepció del valencià, que modernament ha reduït el camp d'aquests adverbis).

Altres aspectes: La llista de parallelismes sintàctics de català i castellà a l'època medieval, els quals parallelismes han estat destruïts després per la superació sistemàtica de cada cas per part del castellà, podria allargar-se molt més. La nostra intenció no és, emperò, d'enregistrar més o menys parallelismes, sinó de posar de manifest, mitjançant alguns exemples, la nostra tesi sobre el ritme de la sintaxi evolutiva catalana, menys viu, en general, que el de la del castellà. Creiem que els casos presentats ho han palesat d'una manera prou eloqüent. A continuació voldríem inserir tan sols un sumari d'altres tipus sintàctics, ara només alludits breument, susceptibles d'ésser desenrotllats en una altra avinentesa, i que ací confirmen la nostra exposició.

L'ús dels relatius *qui, el qui,* així com de l'interrogatiu *qui,* són normals en castellà antic, com en totes les llengües romàniques. Això no obstant, el castellà inicia tot seguit el sabut procés de superació, que acaba per prescindir de les formes antigues, les quals perviuen, en canvi, amb gairebé tota la plenitud primitiva, en català antic i modern, comú i dialectal. Al camp dels numerals, podem esmentar la forma antiga *todos tres* del castellà, parallelament del català *tots tres* (antic i modern), però que no ha aconseguit d'arribar fins al castellà d'avui.

Dins el camp de les preposicions, la major aplicació que feia el castellà antic de la locativa *a,* enfront la moderna *en*; en efecte, *a* és, en castellà antic i clàssic, preposició locativa de repòs: «posaré *a* San Serván»; «Anselmo..., que vivía *a* San Juan»; «mora *a* la Merced» (Lope de Vega); «¿*A* dónde vive? — *a* la Puerta de Guadalajara» (Tirso de Molina); *entrar a* i *entrar en* coexistien en castellà antic, però, més tard, aquest ha anat predominant damunt aquell, etc. El català resol tots els casos esmentats, encara avui, amb la preposició *a*: *a casa, entrar a*, etc.

En castellà antic, els adverbis podien ésser emprats, sense cap més nexe gramatical, com a preposicions; recordem-ne alguns exemples medievals i clàssics: «*dentro* villa», «*çerca* Valencia», «*delante* su mugier», «*de iusso* los vestidos», «*delant* el su altar», «*dentro* cierto tiempo», «*debajo* los pies», «*cerca* la vuestra viña», «*delante* mis ojos», etc.; en general, aquests adverbis, emprats amb funció de preposicions, claregen molt i molt al segle XVI, i ja des d'abans anaven essent substituïts per perífrasis d'adverbi+la preposició *de*, que és el tipus sintàctic actual: «*dentro de* la villa», etc. La construcció típica catalana és basada, com és sabut, damunt els adverbis sense nexe preposicional, amb funció de preposicions: aquest és l'ús més clàssic, mantingut encara al llenguatge popular de diverses contrades, i el preferit per la gramàtica preceptiva: «*dintre* la casa», «*davant* el president». Nogensmenys, cal que reconeguem que el parlar més corrent recorre sempre a les locucions prepositives d'adverbi+preposició («*dintre de* la casa», «*davant del* president»), que no direm precisament incorrectes, però sí menys genuïnes que l'ús de l'adverbi tot sol: sembla, doncs, que la llengua catalana precipita, els darrers temps, la consumació d'un procés que el castellà té ja resolt des del segle XVI.

Per fi, esmentem un sol exemple pres del camp, tan ric, de les conjuncions. En castellà antic, *porque*, ultra ésser causal (com ho és avui), podia ésser emprat com a conjunció final: «si cerraren los ojos *porque* no vean nada» (Berceo), mentre que avui només té significació causal. Però en català, tan antic com modern, la conjunció *perquè* ha tingut sempre els dos matisos citats: «no ho pot fer *perquè* no té temps»; «t'ho dic *perquè* li ho facis saber» (en realitat, l'usuari modern de la llengua té ben poca consciència de la susdita identitat; prou que ens ho fa veure la conjunció *per a què,* que tant s'escriu, a tort, és clar, com a final: segurament hi haurem de veure un calc del castellà *para que*).

Per tant, un cop d'ull ràpid a d'altres diversos aspectes de la sintaxi no fa sinó confirmar allò que ja havíem anat establint abans: la sintaxi medieval presenta sovint coincidències evidents en els tractaments del català i del castellà; si ulteriorment les coincidències fallen, això és degut, la major part de les vegades, al fet que el castellà ha superat, amb la seva marxa evolutiva més viva, les construccions antigues, mentre que el català, més lent en el seu caminar, manté les figures tradicionals durant segles, i sols en la seva fase actual acusa, i encara no sempre, les inevitables modificacions inherents a tota llengua viva.

* *

Acabada la nostra anàlisi comparativa d'uns quants fets diferencials de català i de castellà, assajarem d'extreure'n una conclusió. Hi ha una separació originària entre català i castellà: diverses raons històriques ho expliquen, i, des d'un punt de vista lingüístic, el fet és palesat mitjançant uns quants trets fonètics essencials, que es resolen de manera diferent en ambdues llengües: és el que havíem fet veure al capítol anterior. Però hi ha més, encara (i aquesta ha estat la comesa del capítol present): la tesi del major arcaisme del català respecte al castellà és confirmada per d'altres raons, també lingüístiques, però que són ben diferents, per tal com ara ja no es tracta de fenòmens que es produeixen al mateix llindar de la història de les llengües romàniques, sinó al llarg de llur desenvolupament històric, després, doncs, de llur mateixa constitució com a llengües.

Des d'aquest nou punt de vista, hem examinat una

sèrie d'evolucions de sons, de formes i de la frase, en català i en castellà. Hem vist com diversos estats de llengua, que eren típics del castellà primitiu (i equivalien, aleshores, als estats de llengua corresponents en català), han estat superats per les fases ulteriors de la llengua castellana, trencant així l'antiga comunitat catalano-castellana. En efecte, el català, més lent en les seves transformacions, ha conservat, durant segles, aquells estats de llengua, amb la qual cosa s'ha manifestat clarament arcaïtzant respecte al dinàmic castellà, i tot just avui, i encara no sempre, va arribant a resultats damunt els quals el castellà està assentat molt de temps ha.

La llengua catalana en l'actualitat

I. El cinquantenari de les normes ortogràfiques

Pompeu Fabra, al seu discurs presidencial als Jocs Florals de Lleida de l'any 1915, féu veure amb frases gràfiques, entre altres coses, el desgavell que imperava, en materia ortogràfica, des de la Renaixença fins a començos de segle. La multiplicitat de grafies és, vist avui, allò que més sorprèn. «Rara fou la qüestió — hi deia mestre Fabra — que no rebé dues o tres solucions distintes, i difícilment trobaríem dos escriptors absolutament d'acord en totes les qüestions. Els partidaris d'una mateixa solució en una qüestió determinada, eren adversaris irreconciliables en una altra qüestió: en ortografia, hi havia els partidaris dels plurals en *as* i els dels plurals en *es*; entre els primers com entre els segons hi havia, per exemple, partidaris i adversaris de la *ç*; i dins cadascun dels quatre camps en què es trobaven separats els escriptors per aquestes dues soles qüestions: qui era partidari de conservar la *l* doble, qui de suprimir-la; qui escrivia la *v* segons la regla etimològica castellana; qui l'escrivia conformant-se més o menys amb l'ús antic; qui usava amb moderació la *h* intervocàlica, qui la prodigava fins a escriure-la en mots com *estudii* o *cauen*; qui era partidari de l'apòstrof prepositiu, qui n'era adversari... Una infinitat de mots es trobaven, així, escrits de dues, tres, quatre i més maneres diverses. Han estat usades contemporàniament vuit formes distintes de l'adverbi *on*.» Això, respecte als fets, i tinguem en compte que no es tracta d'haver-ne fet un inventari exhaustiu, sinó d'uns quants exemples escadussers, bé que força característics. El desgavell, en matèria d'ortografia, era una realitat aclaparadora.

Quant a l'esperit amb què hom contemplava aquesta realitat, sols sabríem dir que semblava a posta per a desanimar els més optimistes. El mateix Pompeu Fabra és, encara, qui ens ho recorda. «S'intentà alguna vegada d'unificar l'ortografia. En els primers anys dels Jocs Florals, En Milà redactà unes normes ortogràfiques; més tard l'Acadèmia de Bones Lletres encomanà a En Balari la confecció d'una ortografia. Fou endebades. Tothom continuava aferrat al seu sistema, gens disposat a sacrificar una sola de les seves habituds ortogràfiques. Però és més: en realitat aquell desgavell ortogràfic no era pas considerat com un mal; ans se'n feia l'apologia, trobant que allò d'escriure cadascú a la seva manera era una cosa que s'acordava meravellosament amb el nostre caràcter, enemic de tota mena d'imposicions; potser sí que amb el temps es podria arribar a unificar l'ortografia i a fixar la llengua escrita; però això ja s'aniria fent a poc a poc; no duia cap pressa; era una cosa d'una importància ben secundària, ja que sense ella s'havien produït les admirabilíssimes obres mestres de la nostra Renaixença. No volien comprendre que mentre el català fos una llengua sense una ortografia unificada i sense un lèxic i una gramàtica fixats, no es podia implantar a les escoles, ni podia aspirar als usos oficials, i es trobava en condicions aclaparadores d'inferioritat en la seva lluita amb la llengua castellana.» Caldria que ens excuséssim per les dues citacions precedents, tan llargues, si no fos que esperem que el lector coincidirà amb nosaltres a creure que aquesta era la manera més adequada d'encetar el tema d'aquest capítol, per allò que hom hi diu, i perquè ha estat dit per qui tenia la més alta autoritat per a dir-ho.

El panorama de la llengua catalana a començos de segle era, doncs, quant a la possibilitat de donar-li una estructura formal, senzillament desolador. D'altra banda, les coses, a casa nostra, anaven fent camí a un ritme molt viu. L'entusiasme del poble empenyia, i hi havia uns bons capdavanters. Fundat l'Institut d'Estudis Catalans l'any 1907, i decidit a donar a llum publicacions científiques que s'escamparien pertot, hom no podia ajornar més la gran tasca. Calia, per a començar, una ortografia. Encara que l'ambient hi era hostil, com ho hem recordat per les paraules de Fabra, cal reconèixer que hom podia esperar molt de l'hostilitat, que hi era, i forta; en aquest sentit, uns medis indiferents haurien estat enemics molt més temibles que no pas l'hostilitat; de més a més, les discussions i les polèmiques, tan dures, dels darrers anys, havien obligat els més conscients a documentar-se, de manera que, tot discutint i tot polemitzant, anaven duent a terme allò que acostumem d'anomenar treballs previs. I així, quan diverses veus clamaven l'ortografia catalana, eren molt més a prop de la solució que no pensaven.

La solució fou la promulgació de les *Normes ortogràfiques*, l'any 1913. Les normes foren publicades com a anònimes, però tothom hi veié la gran empremta de Pompeu Fabra, com, altrament, tots la hi seguim veient. I així fou: Fabra va fer-hi sentir el pes de la seva autoritat moral, i, sobretot, dels seus grans coneixements tècnics de la matèria. Cal que ens afanyem a dir, emperò, que el mateix Fabra hi suavitzà molt les seves posicions primitives, que havien estat tan radicals. Això és avui reconegut per tothom: quan llegim els seus escrits d'uns quants anys abans, contra tota *h-* inicial etimològica, o a favor de representar per *yl* el so de *ll* (quan equival a *i* a les Balears i a les altres contrades «ieistes»), per a no esmentar més casos, ens adonem que l'obra de Fabra, com qualsevol altra obra humana que s'enforteix i triomfa, no fou fruit d'una imposició personal, sinó de l'estudi reflexiu (que implicava rectificacions, quan es manifestaven necessàries). Aquesta actitud, pregonament conciliadora, diu molt a favor de la manera d'ésser de Fabra, de qui hom ha remarcat, fa poc, l'elegància amb què sabia no baixar al terreny de la discussió, quan la considerava inútil o quan només hauria hagut de servir per a la seva defensa personal. Les qualitats humanes que aquesta actitud implica han estat posades en relleu, darrerament, per una persona com F. de B. Moll, que ningú no arrenglerarà entre els incondicionals a ultrança del mestre.

I, encara, cal que enllacem el tarannà de Fabra amb allò que ell féu triomfar. Si el mestre acabava de fer acceptar de tothom una norma referent a uns fets de llengua, no era solament perquè tenia unes raons (etimològiques o lingüístiques o dialectològiques): tots sabem que molt sovint les raons tècniques no són suficients. Vol dir que tenia una tàctica. Avui ningú no desconeix que aquesta tàctica es basava moltes vegades a assajar una solució determinada, tot oferint-la als escriptors, als professors de català, i veure què passava. Després d'uns quants anys d'experimentació, hom concloïa la viabilitat o la no viabilitat de la solució assajada: així és, per exemple, com *menys* anava guanyant terreny fins al 1936 (contra *menos*, bandejat, però estès pertot).

Tornant a les normes de l'any 1913, un hom es pot preguntar quina en fou la directriu, des d'un punt de vista tècnic. Com és sabut, hi ha diversos criteris per a fer una ortografia. N'esmentarem tres. Primer, el *criteri fonètic*. Quan diem d'una llengua que té una ortografia fonètica, expressem que la seva ortografia ha estat establerta sota el signe de fer correspondre una lletra a cada so, i no més d'una. Diem «sota el signe» d'aquesta correspondència, per tal com la correspondència absoluta no és assolida mai del tot, a les ortografies corrents; ho fóra si la llengua s'escrivia, per exemple, en alfabet fonètic internacional, però no costa de comprendre que això no és realitzable (per raons d'ordre pràctic: d'ensenyament, d'escriptura, de composició mecànica, àdhuc d'estètica i de raresa arreu, etc.). Fins i tot una llengua com el castellà, que hom considera justament que té una ortografia força fonètica (i la hi té molt, si la comparem amb la del francès o amb la de l'anglès), no ho ha aconseguit pas del tot, ni de molt (per la *h-* inicial, i pels parells de *b-v, j-g, z-c*). En segon lloc, el *criteri etimològic*. Com ja ho indica la mateixa denominació, es tracta de recórrer a la grafia de la llengua mare (en el cas de les llengües romàniques, el llatí), per a fixar la recta grafia dels mots. El cas més típic és el de la *h*, inicial (*home, herba,* que duen *h* en català — o en castellà o en francès — perquè en duien en llatí: *homo, herba*), o bé interior (*exhortar, exhibir*, per la mateixa raó), però n'hi ha d'altres, bé que sempre amb la condició que la grafia etimològica no estigui en contradicció amb la pronúncia actual del so corresponent: encara que, segons la regla general, hom escriu *ge, gi*, amb *g*, per expressar el so de *jota* (en castellà) o de *ge* (en català) davant *e* o *i*, això no obstant, cal escriure *j* en casos en que la grafia llatina s'ha imposat: *jerarquia, injecció* (tant en català com en castellà). El tercer que esmentem és el *criteri tradicional*. La seva denominació és també prou explícita: hi ha grafies que no tenen justificació ni etimològica ni fonètica, però que, per la raó que sigui, han estat habituals en un període de la història de la llengua, de manera que han quedat incorporades a l'ortografia vigent. La *h-* inicial castellana de mots com *harina, humo*, etc., n'és un exemple característic: etimològicament era una *f* (com veiem en català *farina, fum*, etc.), i, segons la pronunciació més corrent avui, la *f* originària ha desaparegut del tot (es diu: *arina, umo*, etc.); i bé, la llarga època de la història de la pronunciació del castellà durant la qual hom pronunciava, en aquests casos, la *h* aspirada (quelcom semblant a *jarina, jumo*, etc.; pronunciació no del tot desapareguda a la Península Ibèrica ni a l'Amèrica de parla castellana), va marcar la grafia del castellà de tal manera que aquesta *h-* entrà a formar part de l'ortografia de la llengua.

Aquests són els tres criteris més difosos, com a directrius dels sistemes ortogràfics, almenys tenint en compte allò que ara ens interessa més. Al més sovint, però, no trobem ortografies basades en un sol dels criteris esmentats (hom s'hi trobaria moltes vegades com en un carreró que no passa), sinó que han estat establertes tot combinant diversos criteris. Doncs bé, les normes ortogràfiques del català de l'any 1913, ço és l'ortografia vigent de la llengua, tenen molt dels dos primers criteris, fonètic i etimològic, i, com direm, el primer és anteposat molts cops al segon. Tenen menys, certament, del tercer criteri (el tradicional), o, si més no, cal que diguem que en tenen menys d'una faisó exclusiva, per tal com el criteri tradicional moltes vegades és sostingut, avui, per la pronúncia de la llengua a determinades contrades (i això ja ho considerem dins el criteri fonètic, en un sentit total de la nostra realitat geogràfico-lingüística).

Esmentem un exemple de cadascun dels dos primers criteris. Del fonètic: la distinció gràfica entre *b* i *v*. Bé que a la major part del domini català hom confon ambdós sons en la bilabial *b*, una ortografia que volgués tenir aplicació pertot no podia oblidar com eren pronunciades aquestes consonants arreu de la llengua (les quals, com és sabut, són distingides curosament al Camp de Tarragona, en territori valencià — però no en valencià central —, a les Illes Balears i a l'Alguer), i per això l'ortografia recull la diferència entre *b* i *v*. Un exemple del criteri etimològic: la pronúncia catalana té unes oclusives sordes finals *(-p, -t, -c)*, la recta grafia de les quals és, unes vegades, la consonant sorda (com les esmentades), i, d'altres vegades, la sonora corresponent *(-b, -d, -g)*; així, les articulacions finals de *joventut* i de *quietud* sonen exactament de la mateixa manera, però el primer dels dos mots duu una *-t* allí on el segon duu una *-d*, i la raó de la diferència és la grafia paral·lela llatina: *juventute(m)*, *quietudo*. Un altre exemple fóra el dels grups savis de consonants, que impliquen l'escriptura de consonants que no es pronuncien, com la *-p-* de *tempteig* o de *temptejar*, etc.

Hem dit que l'ortografia catalana actual deu menys al criteri que hem anomenat tradicional. Cal que ho expliquem un xic. Ja abans hem precisat que el que ocorre és que no l'acostumem de trobar sinó compartit amb el criteri fonètic. Així, doncs, vegem-ho en el cas, ja esmentat, de la *b-* i la *v-*; l'existència de mots com *rave* o *Esteve* en català (que tenien *f* en llatí: *raphanu*, *Stephanu*), o la terminació del pretèrit imperfet d'indicatiu *-ava*, *-aves*, etc. (que en llatí era, en canvi, *-abam*, *-abas*, etcètera) palesen que ací l'ortografia moderna no és etimològica. Per això mateix, i atès que, en català antic, les grafies corresponentes eren *u* o *v* (les distincions als manuscrit essent a vegades difícils de valorar per raons paleogràfiques), podríem creure que ací hom havia seguit el criteri tradicional (i ho reforçaria el paral·lelisme amb el castellà antic: *ráuano, Esteuan, -aua, -auas,* etc.). Doncs bé, malgrat aquestes coincidències amb les grafies tradicionals, la raó qué ha pesat més per a escriure *v* en aquests casos ha estat la pronúncia *v* dels parlars que distingeixen entre les dues labials (criteri, doncs, fonètic, o, si volem, fonètico-dialectal). Per això dèiem suara, i ara en comprenem tot l'abast, que no acostumem de trobar el criteri tradicional d'una faisó exclusiva, i que, en haver d'ésser compartit, ho és amb el fonètic: i és simptomàtic que la tradició es conservi al si dels parlars més arcaïtzants (com ho són, entre altres, les zones esmentades que conserven la diferenciació de *b* i *v*), que són el pont devers l'antigor de la llengua (parlar dialectal és gairebé sempre sinònim de parlar arcaic). Aquesta col·laboració entre el criteri fonètic i el criteri tradicional inspirà ja els principis ortogràfics precisament sobre *b* i *v* (i també sobre *a* i *e* àtones) defensats per Marià Aguiló, segons els quals — i són paraules de Pompeu Fabra — «per damunt qualsevol consideració de caràcter etimològic i per damunt les habituds contretes en l'època de la decadència sota la influència de l'ortografia castellana, hom havia d'atenir-se a les grafies medievals i a la pronúncia d'aquells dialectes que conserven l'antiga distinció». Així, per exemple, un mot com *buidar* (que és escrit sempre amb *b* en català antic, i que és pronunciat amb *b* labial a les contrades que distingeixen entre aquesta *b* i la *v* labiodental) s'escriurà amb aquesta *b*, per més que procedeixi del baix llatí *vocitare* (que ha originat el francès *vider* i l'italià *vuotare*). El criteri tradicional, quan ha estat tingut en compte, ho ha estat, doncs, a l'ensems que el criteri fonètico-dialectal.

No és gens difícil de comprendre el perquè d'aquestes reserves quant al criteri tradicional, per què hom no el deixà anar gairebé mai sol. Senzillament, perquè el català no posseïa una tradició idiomàtica pura. La tradició ortogràfica del català medieval s'havia barrejat amb les grafies castellanitzants, o, fins i tot quan no s'havia produït cap mescla, la tradició havia perdut unitat, o sia que hi havia, de fet, diverses tradicions. És el que Fabra anomena, amb frase gràfica, l'ortografia de la decadència (al seu pròleg al diccionari ortogràfic). La impossibilitat de seguir la tradició ortogràfica en tota la seva corba fou un fet a partir del moment de la ruptura de la tradició literària, i amb ella, de la decadència de les nostres lletres. El català literari deixà de traçar una corba, per passar a descriure una mena de línia trencada els angles de la qual representaven moments crucials de l'entrada dels castellanismes gràfics (i de tota altra índole). Aquesta impossibilitat, arribada l'hora d'endegar la nova ortografia, dugué un bon nombre de complicacions: malgrat la solidesa dels seus principis, malgrat la seva lògica, l'ortografia de 1913 havia de rompre amb la tradició, o, almenys, semblava que hi rompia molt més que no ho feia en la realitat: pensem en els casos més destacats, de la *i* (en lloc de la *y* grega tradicional), i de la *-c* final (en lloc de la *-ch* tradicional). Però, a propòsit de la *y* a l'interior dels mots (català antic *reyna*), Pompeu Fabra féu veure com es tractava d'una fossilització a causa, precisament, de la ruptura de la tradició ortogràfica: també els castellans escrivien, segles ha, *reyna* i *ayre*, i els francesos *roy i vray*, i els italians *poy* i *noy*, i els portuguesos *ley* i *peyto*, i tots ells passaren a formes amb *i*, i si els catalans no hi passàrem, fou, sens dubte, per aquesta interrupció. I semblantment amb els altres casos de l'antiga *y* grega, substituïda, l'any 1913, per la *i* llatina; la mateixa conjunció copulativa no podia ésser una excepció, per raons de lògica, i, de més a més, les raons invocades a favor de la *y* no podien ésser de les més genuïnes (sinó de les tradicions tardanes i ja mediatitzades), per tal com la copulativa del català antic i clàssic no havia pas estat expressada per *y* grega, sinó per *e*.

Com digué Pompeu Fabra en més d'una ocasió, algunes de les normes més combatudes no contradiuen cap grafia medieval, o, almenys, no la contradiuen més que les solucions defensades pels partidaris de l'ortografia anterior a la promulgació de la nova. De fet, els catalans hi guanyàrem: arribat el desgavell ortogràfic fins a començos d'aquest segle, en haver de fer-ho tot nou, hom pogué construir una ortografia tècnicament millor que la de les altres llengües romàniques, perquè els coneixements lingüístics eren més ferms ara que als segles XVII i XVIII, i, sobretot, perquè aquelles altres llengües han de moure's amb un llast molt pesant: precisament el de la tradició, de la qual en el català, en canvi, hom va haver de prescindir, com hem dit, per haver esdevingut poc genuïna.

Promulgades les normes, hom havia fet el primer pas. Però no n'hi havia prou amb un pas: calia simplement caminar. Doncs bé, l'obra de reforma va caminar. Tant, que gairebé podríem dir, continuant la imatge, que va córrer i tot. En efecte, podem parlar, sense exagerar, de la universalitat de les normes ortogràfiques. I aquesta universalitat tingué tres perspectives. En primer lloc, fou una universalitat *social i cultural*: l'endemà de llur promulgació, les normes foren acceptades pertot: la premsa, les empreses editorials i el poble culte adoptaren d'una manera immediata la nova ortografia; tan immediata, que algú parlà de coacció, però això darrer fou a tort, com l'assimilació definitiva de la nova ortografia ho demostrà a bastament. L'obra fou tot seguit fondament popular, i ja hem dit en altres ocasions que creiem que hem d'explicar la tal popularitat per l'entusiasme que havia despertat a casa nostra, només set anys abans, el sorollós Primer Congrés Internacional de la Llengua Catalana (octubre de 1906), al zenit de l'època de l'entusiasme. La millor prova de la universalitat social i cultural de la nova ortografia fou el fracàs absolut de l'anomenat «antinormisme». Bé que defensat fogosament per patricis venerables i erudits benemèrits, a qui tant devien la història, la filologia i la literatura nostrades (Miquel i Planas, A. Par, F. Carreras Candi, el canonge Collell, Francesc Matheu, àdhuc mossèn Alcover, però aquest s'hi incorporà més tard), l'antagonisme no aconseguí de modificar l'ambient, i es convertí en la història personal dels seus defensors: aquests fonamentaven llurs posicions en la tradició, però com que no n'hi havia una de sola, de tradició, sinó diverses, i no pas coincidents (ja ho hem dit abans), tampoc no hi havia unanimitat entre ells. De fet l'antinormisme s'anà acabant a mesura que els seus prohoms desaparegueren del nostre món de les lletres.

Una segona perspectiva és la de la universalitat *biològica* de les normes de 1913. En posseir el català una ortografia lògica i conseqüent, molt ben elaborada des d'un punt de vista tècnic lingüístic, la nostra llengua quedava col·locada damunt la via que la faria apta per als matisos més varis, que la universalitzaria dins el país, i que la internacionalitzaria enllà de les seves fronteres.

En tercer lloc, la universalitat *geogràfica* total, dins les terres de llengua catalana. No n'hi havia prou que la nova ortografia penetrés pregonament a la nostra societat, o que arribés a la mateixa entranya de la vida de la llengua: s'havia d'escampar per totes les terres i contrades on la llengua catalana és parlada. I s'havia de poder adaptar a totes les seves varietats geogràfiques. En aquesta direcció cal remarcar que les normes de l'any 1913 representen un gran esforç d'unitat, bé que això no fou sempre reconegut. I això explica quelcom que hem insinuat abans: les normes foren presidides per dos criteris: el fonètico-dialectal i l'etimològic, i, en casos de col·lisió entre ambdós, aquell passaria al davant d'aquest, per tal de salvar la universalitat geogràfica de l'ortografia. Un exemple típic: els plurals dels noms femenins en *-a* (com *casa*), o les formes verbals acabades en *-s* i en *-n*, havien estat un dels cavalls de batalla a les polèmiques de començos de segle: *casas* o *cases*, *cantas* o *cantes*, *cantan* o *canten*. Evidentment, un criteri etimològic hauria obligat a mantenir la *a* (en llatí l'acusatiu plural és *casas* o les formes verbals corresponents són *cantas* i *cantant*), però en la fonètica històrica del català es produí un tancament d'aquesta *-a* final en *-e*, que segueix essent *-e* als parlars occidentals (on la *a* i la *e* àtones es pronuncien diferenciades, en oposició als parlars orientals, que les han confoses en l'anomenada vocal neutra): si l'ortografia volia ésser apta per a tota la llengua, no tenia altre remei que abandonar el criteri etimològic *(-as, -an)* i adoptar el fonètico-dialectal (*-es, -en,* d'acord amb la pronunciació de les zones que no confonen *a* i *e* àtones), tot refusant, per inservible i confusionari, el criteri tradicional (que és vacil·lant, entre la *e,* més clàssica, i la *a,* castellanitzant, més tardana). Queda, doncs, clar que l'ortografia de les vocals àtones, basada, per exemple, en el barceloní, hauria estat senzillíssima, amb tres vocals àtones *(œ, i, u)*, mentre que ara els barcelonins han d'estudiar quan la vocal neutra *œ* s'escriu *a* o *e,* o quan la *u* àtona s'escriu *o* o *u.* Però hom no podia deixar de tenir en compte tots els dialectes i parlars, si l'ortografia havia d'ésser pancatalana. Aquesta idea va anar progressant entre nosaltres, una mica lentament, car petits malentesos i reticències no mancaren, però a la fi, una vintena d'anys després de la promulgació de les normes, els intel·lectuals valencians i balears acceptaren i aplicaren la preceptiva ortogràfica i gramatical de la llengua comuna a llurs varietats territorials, amb lleugeríssimes modificacions que l'Institut d'Estudis Catalans féu seves.

Creiem que val la pena d'insistir en la universalitat geogràfica de l'ortografia catalana, i, en general, de tota l'obra de reconstrucció de la llengua i de codificació de la gramàtica, que generalment anomenem, amb afecte pregon, l'obra de mestre Fabra. Aquesta descansa sobre tres pilars: la llengua antiga, els parlars actualment vius i la literatura moderna des de la Renaixença; és innegable que la modalitat idiomàtica anomenada barcelonina va tenir un pes important en el darrer dels pilars esmentats: Barcelona fou el gran focus de desvetllament espiritual, amb la col·laboració important d'altres comarques (Vic, per exemple, aportà molt a la

Renaixença: el català modern tingué la sort que Verdaguer hagués sortit del camp, amb un vocabulari molt ric i no gens contaminat), però aquestes comarques, en general, eren adscrites al «català oriental», de manera que encara reforçaven la impressió del «barcelonisme» de l'obra de Fabra, vista des d'altres terres (com València i les Illes). Així és fàcil de comprendre que, bé que el tercer pilar era un fet, i, com a tal, indiscutible, del qual hom no hauria pogut prescindir, algú parlés d'imposició de les solucions barcelonines i àdhuc de dictadura del català de Barcelona (o sigui de Fabra). Tanmateix, tots els qui han examinat a fons el *Diccionari general* de Pompeu Fabra (1932; 2a. ed., 1954) han hagut de reconèixer lleialment que el lèxic occidental (des del Pallars i l'Alt Urgell fins al sud d'Alacant), així com el balеàric, hi són molt ben representats, i que si hi manquen localismes, també n'hi manquen de l'Empordà o del Ripollès, per tal com la finalitat del diccionari era d'inventariar el vocabulari de la llengua comuna, i aquesta sí que fou la gran tasca de Fabra.

Però tornant a allò que és més estructural, un hom resta colpit en examinar com Fabra fueteja durament els defectes del parlar de Barcelona. Precisament perquè el coneixia tan bé, els seus treballs són plens de remarques en les quals critica moltes solucions locals del barceloní a benefici de la llengua comuna. Esmentem-ne algunes. En el terreny dels sons, l'ensordiment de l'africada palatal *(tj)*, sobretot després de l'accent: el parlar barceloní pronuncia *metxe* per *metge*, o *formatxe* per *formatge*; o l'ensordiment de les consonants agrupades amb *l*: *poble* és pronunciat a moltes comarques amb *bb* geminada *(pobble)*, però a Barcelona és *popple*; la vocal final de mots que tenen *ó, ú* tòniques es converteix, per assimilació, en *-o* (pronunciada *u*): *oncle* (en barceloní *onclu*), *colze* (en barceloní *colzu*); el barceloní diu *io* en lloc del *jo* més comú, etc. En el terreny de les formes, Fabra dedicà un estudi monogràfic als mots àtons en el parlar de Barcelona, on hom pot adonar-se que els pronoms locals difereixen gairebé constantment de les solucions de la llengua comuna (*elsi* per *els*, *feu-se* per *feu-vos*, *aneu-se'n* per *aneu-vos-en*, *se n'anem* per *ens n'anem*, *quant se n'heu fet* per *quant us n'heu fet*, *cull-el* per *cull-lo*, etc.); però, a més a més, els barcelonins, que havien dit sempre *escrigués* o *fagi*, s'adonaren, per la gramàtica normativa, que les formes correctes eren *escrivís* o *faci*, i així d'altres. En el terreny de les funcions, podem recordar que la gramàtica normativa distingeix tres termes locatius en els demostratius *(aquest, aqueix, aquell)*, com en els adverbis de lloc *(ací, aquí, allí)*, quan el parlar barceloní (i, amb ell, el de la major part del domini) no distingeix sinó dos termes: el de proximitat i el de llunyania *(aquest-aquell, aquí-allí)*; el futur de la subordinada temporal *(quan vindràs)* o de l'oració de relatiu *(els qui vindran)* són substituïts a Barcelona pel present de subjuntiu *(quan vinguis, els qui vinguin)*, mentre que aquells futurs s'aguanten molt fermament a València i a Mallorca, sobretot a València. Bé que en els casos esmentats la solució barcelonina té a vegades una extensió que ja ultrapassa allò que entenem pròpiament per Barcelona (en especial els casos sintàctics), es tracta sempre de trets incorporats a la preceptiva gramatical en oposició franca amb la del «cap i casal», el qual, doncs, se supedita a la reglamentació de la «llengua comuna», que, si vol ésser comuna de debò, ha d'ésser, no local, sinó universal dins tot el domini lingüístic. No té sentit, doncs, de parlar d'imposició del parlar de Barcelona.

Parlant de les normes ortogràfiques, hem anat desplaçant-nos cap a d'altres punts gramaticals, gairebé sense adonar-nos-en. És que l'obra de Fabra és total, i precisament ara voldríem fer-ne veure la gradació. La gradació no és capriciosa, sinó que obeeix unes raons d'urgència també graduada. Les normes ortogràfiques de 1913 foren el primer graó, el primer pas en el redreçament de l'idioma. En alguna altra ocasió hem posat en relleu el caràcter previ que té l'ortografia en la cultura dels pobles (vegeu, més avall, la pàgina 98); així com en les persones cultes l'ortografia és un

forçament castellanitzat.

problema que ja ni es posa, i que tothom ha de tenir resolt, així també ocorre amb les llengües: per a fer acte de presència a qualsevol lloc, han de posseir una ortografia. L'ortografia fou, doncs, qüestió d'ésser o de no ésser, fou aquesta cosa prèvia. Fabra, que ho veié amb tota la claredat, es llançà, abans que a cap altra empresa, a l'establiment de l'ortografia, l'any 1913. D'aquí ve el valor simbòlic que té l'ortografia per als catalans, i que, a vegades, costa tant de veure de fora estant. Per això hi ha hagut, durant anys i anys, cursos anomenats «de català» que sols eren cursos d'ortografia catalana: per a molts, saber ortografia ja era saber català. Remarquen que, en parlar de l'ortografia, hi incloem els sons corresponents als signes (fonètica i prosòdia).

El segon graó fou la morfologia. Ja es comprèn que, trobant-se a la mateixa estructura de la llengua, tenia també un alt valor d'integració. Bé que les reduccions analògiques i la influència castellanitzant l'havien desfigurada molt i molt, la tasca no requeria tant una elaboració com una depuració, però esdevenia delicada per les diferències entre els grans grups de parlars; exemple: *jo camino* (a Catalunya), *jo camine* (a València), *jo camin* (a les Illes), i molts d'altres casos (com la *-a* del subjuntiu en valencià: *diga,* barceloní: *digui;* o l'increment *-ixc-* enfront *-eix-* de les altres zones, etc.). Per tant, a diferència de les normes ortogràfiques que, malgrat tot allò que hom pogués dir-hi, eren concebudes sota el signe de la unitat lingüística, la morfologia, en ésser estructurada, i esdevenir així preceptiva, corria el risc de convertir-se en separadora. La solució fou que l'Institut admeté les variants morfològiques valencianes i baleàriques com a correctes.

El tercer graó fou el vocabulari. Salvada l'estructura (els sons — amb les grafies — i les formes), calia depurar el lèxic, tan pregonament castellanitzat. Va ésser la tercera gran etapa, a la qual Pompeu Fabra dedicà gran part de la seva activitat, bé que eficaçment ajudat per col·laboradors fidels com Emili Vallès i Cèsar August

Jordana. Per a veure la importància que tingué la depuració del vocabulari a l'obra de Fabra, reparem que, a l'edició més completa de les *Converses filològiques* del mestre (10 volumets de la «Col·lecció Popular Barcino», 1954-1956), n'hi ha quatre (i bona part dels addenda del darrer) dedicats al lèxic. I cal reconèixer que, l'any 1936, els resultats de tants d'esforços eren ben palesos a les diverses modalitats de la llengua catalana (literària, llenguatge corrent escrit, àdhuc el parlar habitual de moltes persones de cultura mitjana).

La sintaxi era la darrera etapa. No hi ha res a dir, perquè no era possible de fer més coses alhora, i el ritme de la gran empresa ja no hauria pogut ésser més viu. Tant a les gramàtiques del mestre com a les seves *Converses filològiques*, hi trobem gran nombre de dades de sintaxi, sobretot referides a allò que anomenaríem sintaxi de les parts de l'oració. Hi ha molt menys de la sintaxi oracional, o de l'ordre de mots (col·locació dels elements al període). En aquest terreny encara hi ha molt a fer: la llibertat d'ordenació d'elements en castellà fa que textos prou correctes en ortografia, en morfologia, i fins i tot en lèxic, denunciïn llur estructura forastera per l'ordre de mots. Però tot plegat ens demostra que l'obra de Pompeu Fabra s'estava duent a terme, no era pas totalment realitzada en truncar-se l'any 1936.

L'obra realitzada impressiona el més exigent. Perquè cal no oblidar que hom operava damunt una llengua viva, amb un sens fi de dificultats d'explotació. Estudiats els problemes, i anunciades les solucions, l'obra no podia considerar-se acomplida si no es feia a mans dels usuaris de la llengua: calia adaptar-la a uns graus diferents d'assimilació, fer-la assequible a gent de preparació cultural molt vària, difondre-la pertot. En un mot, no n'hi havia prou amb la doctrina: calia l'escola. Això fou possible gràcies a un grup de persones abnegades, compenetrades en tot amb el mestre, que, sota la seva orientació i guia, feien arribar la depuració de la llengua i l'estructura de la gramàtica pertot arreu; la benemèrita Associació Protectora de l'Ensenyança Catalana i l'Editorial Barcino foren els focus més importants d'aquesta escola. Per a citar un sol exemple, recordem la gran utilitat dels *Exercicis de gramàtica catalana* de Jeroni Marvà (A. Martorell i E. Vallès), que anaren derivant fins a convertir-se en el *Curs pràctic de gramàtica catalana* (primer volum dels «Manuals escolars» de l'Editorial Barcino), saturat d'exercicis, amb els quals es pot dir, sense exagerar, que gairebé tota la gent jove que aleshores estudiaven català consolidaren llurs coneixements idiomàtics. Però ens equivocaríem si crèiem que Fabra deixava aquesta comesa als seus col·laboradors; tot al contrari, el mestre, com a bon mestre, era també escola, i molt bona escola: només cal recordar el famós *Curs mitjà* de la Protectora, o les *Converses filològiques*, ja esmentades, o els volumets de divulgació de temes gramaticals, a la «Col·lecció Popular Barcino». D'altres necessitats sorgiren, davant l'expansió de les activitats editorials: el cos de correctors o l'oficina de correcció d'originals estaven destinats a assegurar que les premses llancessin textos nets d'errades, que tantes confusions podien provocar. L'ensenyament i la correcció, aquests dos pols suara al·ludits, es nodrien dels qui passaven els exàmens davant el Tribunal Permanent de Català. Aquest era un dels requisits per a arribar als cursos que el mateix Fabra professava.

Bé que presentat molt de pressa, veiem el conjunt de la gran obra de Pompeu Fabra. Així, doncs, la nostra commemoració no és pas, de fet, la del cinquantenari de les normes ortogràfiques. Ja hem dit el gran valor d'integració que tenia la nova ortografia; tanmateix, si no fos més que això, el fet no seria tan important com ho és en la realitat de la cultura nostrada. Les altres llengües també reformen llurs ortografies, i, malgrat que el castellà i el portuguès, per exemple, ho fan per suavitzar les diferències que separen les varietats europees de les ultramarines, hom no hi dóna la importància que els catalans hem atribuït al fet de commemorar l'ortografia de 1913. És que, amb les normes d'ara fa cinquanta anys, hom iniciava la gran empresa (que Carles Riba anomenà *folla* o *noblement folla*) de tornar el català a la seva antiga categoria d'idioma de cultura, un dels graons de la qual, el primer d'ells, era l'ortografia.

És cert que la llengua catalana, amb el col·lapse de la decadència, sofrí un retard de segles; tots ho sabem i no és ara l'hora de comentar-ho. També és cert que quan va arribar el moment propici per a endegar l'empresa de retornar la llengua a allò que havia estat i a allò que mereixia d'ésser novament, el català va trobar el seu Vaugelas en Pompeu Fabra, el qual, com el famós gramàtic francès, tot basant-se en el «bon ús», treballà amb encert i fortuna perquè la llengua recobrés la seva personalitat genuïna i esdevingués universal dins les terres on és la parla autòctona, salvant-ne les belleses dels nostres clàssics i les necessitats de l'expressió moderna. I no ho diem per fer una frase, sinó després de reflexionar molt i molt sobre la transcendència de l'obra que commemorem.

Ens ve a la memòria una frase definitiva de Carles Riba: «crear-nos una llengua comuna clara i apta, indefinidament disponible». Aquesta ha estat la gran comesa. Als dos extrems de la corba, no era massa difícil d'aconseguir una llengua literària (de creació), per un costat, i una llengua banal (de circumstàncies), per l'altre. Però el gran do per al català ha estat d'obtenir una llengua de cultura, una llengua universal, un estil científic. I això ha estat l'obra iniciada el 1913, i realitzada en un quart de segle. El català, amb Pompeu Fabra, començà de posseir uns motlles, uns encaixos: un estil científic precís, concret. El català tornava a ésser una llengua de cultura.

Com més anys ens separen d'aquell començ del 1913, més gran trobem l'obra de Fabra. Perquè en veiem menys els detalls (al capdavall, alguna coseta n'ha estat retocada), i, en canvi, en veiem millor el conjunt.

Creiem que una bona prova de l'obra de Pompeu Fabra ens és fornida per les polèmiques a què hem assistit els darrers anys: ¿cal obrir més la porta a nous matisos d'expressió?, fins a quin punt? Els més resistents a les normes, o sia els més partidaris de fer via lliure a l'expressió més espontània, no han deixat de reconèixer, en cap moment, que les lleis gramaticals tenen un pes considerable. De més a més, sempre hem vist, a les tendències al·ludides, un indici de salut i de vitalitat de la nostra llengua, que ara necessita de saber retratar el llenguatge col·loquial més expressiu, dintre, però, d'aquelles normes l'existència de les quals és de tothom reconeguda.

A la Bíblia, a l'inici del seu primer llibre, en contarnos les vicissituds de la creació, hom va repetint, a la fi de cada capítol, que Déu va veure que l'obra realitzada era bona. Els catalans d'avui, girant el cap enrera, en aquesta parada simbòlica, cinquanta anys després de començada la reconstrucció de la llengua, veiem que la tasca acomplida pels qui ens han precedit és bona. Això ens obliga a una fidelitat estricta envers l'obra que d'ells hem heretat i a una continuació entusiasta envers els qui ens hauran de succeir un dia.

II. El català des de Pompeu Fabra fins a Carles Riba

Fóra difícil de trobar un cas comparable al de la nostra llengua. Quan, l'any 1933, Catalunya commemorava el centenari de la Renaixença, ens adonàrem de la feina feta. Limitant l'intent de comparança al moviment literari del migdia de França (que és el que ens afecta més directament, tant pel veïnatge geogràfic com per les relacions històriques, literàries i humanes, un exponent de les quals fou la que mantingueren Verdaguer i Mistral), veiem ben clar que el fenomen cultural viscut pel nostre poble té una peculiaritat que bé podem anomenar única.

No sembla que calgui recordar quin era el panorama ortogràfic abans de 1913. Com ho ha fet veure Pompeu Fabra (en diversos escrits, aplegats en llur majoria en el volum intitulat *El català literari*), el català s'escrivia en una mescla de grafies arcaiques, castellanismes i solucions personals, que no tenia lògica ni unitat. El problema, ultra les seves dificultats tècniques, presentava, a començos de segle, aspectes molt delicats, per tal com feia temps que diversos grups d'erudits havien intentat de reformar l'ortografia, i llurs intents, fracassats, havien suscitat qüestions personals, atacades i defensades amb passió. Quan aquest problema és examinat amb detall (cosa que no podem fer ací), trobem justíssima la frase de Carles Riba, que, en referir-se a l'obra promoguda per Fabra i tots els qui el secundaren, l'anomena «una de les més nobles folles empreses a què un poble, si es vol la minoria dirigent d'un poble, s'hagi mai llançat».

Perquè la nostra commemoració — i aquestes paraules de Riba ens ho diuen amb prou de claredat — no és pas la de la promulgació de l'ortografia catalana (o, almenys, no ho és únicament): ho és de *tota* la «noblement folla» empresa de «tornar el català a la seva antiga categoria d'idioma de cultura», de la qual cosa l'ortografia era un primer pas ineludible. En efecte, l'ortografia té un caràcter de cosa prèvia: així com en les persones cultes l'ortografia és un problema que ja ni es posa, i l'han de tenir resolt, també ocorre així en els pobles i en les llengües llurs: han de posseir una ortografia, si volen fer acte de presència en el món de la cultura. L'Institut d'Estudis Catalans, fundat el 1907, i decidit a fer aparèixer publicacions científiques i d'altra índole que s'escamparien pertot, va haver de resoldre el problema ortogràfic. La solució foren les *Normes* de 1913. Aquestes normes eren, doncs, la «cosa prèvia» per a dur l'empresa a terme.

Només una cosa pot ésser encara «més prèvia» (si m'és permès de parlar així): el diccionari. I els fets ens ho demostren. Així, l'Acadèmia Espanyola, que acabava d'ésser fundada l'any 1713, es llança a la tasca del famós *Diccionario de Autoridades,* mentre que l'ortografia és de mitjan segle XVIII. Així també l'Acadèmia Francesa, damunt el diccionari, ja publicat en diverses edicions, anà polint i perfeccionant l'ortografia de la llengua. Així s'ha esdevingut també entre nosaltres: des de 1901, any de la publicació de la *Lletra de convit,* mossèn Alcover i els seus col·laboradors, lliurats a un treball intens de replega de materials, preparaven el que anys després havia d'ésser el gran *Diccionari català-valencià-balear,* venturosament acabat poc temps ha. Però és que, més que una cosa «més prèvia», el diccionari és, en certa manera, una cosa simplement a part. I crec que ho podré fer veure retraient dos fets.

El primer és un exemple simptomàtic. El recull lexicològic del rètic, la quarta llengua de Suïssa: *Dicziunari rumantsch-grischun.* Recordo com, l'any 1950, el gran romanista de Zuric, Jakob Jud, em donava arguments per demostrar-me que, tècnicament, aquest diccionari era més ben fet que el nostre d'Alcover i Moll. Potser sí. Però hi ha una cosa incontrovertible: el diccionari rètic apareix redactat en alemany! (en rètic només té el títol).

El romanista disposarà, és cert, del recull perfecte d'una llengua (on tot el lèxic rural, agrícola, casolà, etc., és enregistrat i analitzat), però aquesta llengua no pot sentir-se apuntalada per una cultura que justifiqui l'expressió vernacla d'un diccionari tan ben elaborat.

El segon fet és una constatació. El diccionari (vull dir el diccionari exhaustiu) s'omple, amb la seva abundor, ultra de la llengua comuna literària, del tresor dialectal, del folklore i dels vocabularis unipersonals. Són tres dades de gran valor (per a construir una llengua de cultura), però amb la condició que ocupin el lloc que els correspon en la jerarquia que és obligat d'establir.

A propòsit d'aquest fet del diccionari, Carles Riba escriví, en diverses ocasions, mots de gran claredat, i voldria recordar ara dos fragments, ambdós del pròleg al *Diccionari* de Pompeu Fabra. El primer diu: «Res no priva a l'escriptoret o a l'escriptoràs de trufar aquest idioma comú, incert encara en la seva creixença, d'expressions i mots dialectals o d'argot. Tot, però, els obliga a considerar que no és per proliferacions de lèxic o per modismes anàrquics o impurs que un estil és vivent, sinó per la seva lògica i el seu moviment interns; això en estilística són les beceroles. Les condicions generals de la literatura, avui, a tot arreu i fins i tot a casa nostra, deixen poc marge a cap escriptor, per genial que sigui, per a modificar l'instrument expressiu comú fins a fer-ne una llengua nova, que passi als altres com de creació seva.» (Retinguem l'afirmació de manca de llibertat de l'escriptor, que després recollirem.) El segon fa referència al «gust», aquell concepte del gust que Riba posa a la base de l'estil: «Sense aquest gust, se serà peresosament esquerp i inútilment rebel a la gramàtica i s'esperarà temeràriament massa de tota mena de repertoris lexicogràfics.»

Sí, el diccionari, els reculls lexicològics exhaustius, tenen un caràcter simplement a part. Són fins a un cert punt al marge d'aquella empresa de convertir una llengua en idioma de cultura. Què dóna la pauta, per a un moviment de regeneració idiomàtica, és l'estructura o, si voleu, la gramàtica, no els diccionaris complets. En canvi, l'ortografia, que no és, encara, és cert, aquest moviment, es troba, ella sí, al llindar de l'empresa. I aquest llindar era aconseguit, l'any 1913, amb les famoses *Normes ortogràfiques.*

Ja és tradicional de remarcar la universal i immediata acceptació de la nova ortografia: l'endemà de publicades les Normes, la premsa, les editorials i els particulars les havien adoptades. En un mot, l'ortografia de l'Institut esdevingué popular des del primer dia, i, bé que alguns erudits s'hi oposaren, l'«antinormisme», com a clima, fou nul, i no debilità gens ni mica l'empresa iniciada. He dit en més d'una ocasió, i ho repeteixo ací, perquè crec que és convenient de pregonar-ho, que l'acceptació universal i immediata de les *Normes ortogràfiques* fou en gran part predeterminada pel Primer Congrés Internacional de la Llengua Catalana, reunit a Barcelona per l'octubre de 1906. En els medis culturals barcelonins d'avui és corrent de parlar d'aquest Congrés amb ironia, al·ludint al fet que els congressistes (que eren tres mil!) decidissin, democràticament, per majoria de vots, per exemple, si la concordança del participi era o no «una llei interna de la sintaxi catalana», i observeu que entre els congressistes (metges, advocats, periodistes, i tota altra professió) n'hi havia molt pocs amb coneixements tècnics de lingüística per a poder opinar sobre aquestes matèries. Tot això és cert. Però no és menys cert que el Congrés de l'any 1906, en el punt àlgid de l'època de l'entusiasme, venia a ésser una adhesió incondicional prèvia, fondament popular, a allò que els entesos establirien quan convingués. No he vacil·lat mai a relacionar aquest «vot de confiança» del poble culte de 1906 amb la disciplina universal amb què foren acceptades les Normes de l'Institut, set anys després.

Però tornem a aquella idea del «gust», base de l'estil. Carles Riba ens diu com «un Verdaguer o un Costa i Llobera, per exemple, com més tard un Guerau de Liost i un Carner, posseïren en grau genial aquest gust, per un do natiu que afinaren a força de cultura literària i de reflexió sobre llurs pròpies experiències; per això llur empremta en la constitució i en l'evolució d'un idioma poètic fou decisiva». A continuació ens fa veure com mestre Fabra tenia aquest mateix gust: «no pot sorprendre ningú si afirmem que Pompeu Fabra també el posseí, actiu i vigilant des del centre del seu vast i coherent saber tècnic. Per aquesta facultat del seu gust, pel seu sentit infal·lible del que havia estat segles a través, fins sota l'aparent misèria, i del que havia d'ésser segles a venir un estil d'idioma comú, l'estil del seu idioma matern vacil·lant cap a la vida de la total cultura, Pompeu Fabra fou filòleg i no merament lingüista». El que no ens diu és allò que tots heu endevinat: les seves paraules tenen aplicació molt principal a ell mateix, al mateix Carles Riba. Posem-les ara en singular, i pensant en ell: «Posseí en grau genial aquest gust, per un do natiu que afinà a força de cultura literària i de reflexió sobre les seves pròpies experiències; per això la seva empremta en la constitució i en l'evolució d'un idioma poètic fou decisiva.» No trobeu que té sentit ple? No trobeu que hi ha concordança?

Carles Riba distingia la «llengua comuna escrita» (o «llengua de cultura») de la «llengua literària». L'any 1932, en ingressar a l'Institut, assenyalava la fita: «crear-nos una llengua comuna clara i apta, indefinidament disponible: llengües literàries, cada autor, cada grup en rigor se n'ha creat i se'n crearà una, o més d'una, en la mesura i segons les necessitats del seu geni». Subjectivament, per a cada creador, la seva «llengua literària» és primer, és abans que la «llengua comuna». Però objectivament, per al poble, per a la cultura catalana, la prioritat de la «llengua comuna» damunt les diverses «llengües literàries» era una obligació moral, gairebé física. Heus ací el gran sacrifici que ha estat exigit a l'home de lletres: de supeditar-se, amb tot allò que duu de creació dins ell, a la llengua de tots, «clara i apta, indefinidament disponible». Riba ha passat la corba (si corba hi ha en ell): com a creador, sent la tendència a antéposar la *seva* llengua literària; però tot seguit té consciència del seu paper, no ja solament en la literatura catalana, sinó sobretot en la llengua i en la cultura del seu poble. En parla en diverses èpoques de la seva vida, però en els darrers anys això era, en ell, una veritable obsessió. És simptomàtic que, com ha recordat Eduard Artells, la seva darrera lliçó versés sobre problemes de la llengua catalana.

El convenciment de la prioritat de la «llengua comuna» per part de la nostra gent més conscient ha contribuït a salvar-nos, en els darrers deu anys, del perill que amenaça una llengua, com és la nostra avui (i aquest avui té ja un quart de segle), mancada dels més elementals mitjans d'ensenyament i de difusió: el perill que, reclosa en la seva torre de vori, la literatura catalana s'alambinés. L'esforç fet per tots (autors, editors, crítics, professors i poble culte), en aquest sentit, ha estat considerable, i fa goig de veure les publicacions dels darrers temps. Esmentaré un sol exemple, sens dubte el més significatiu, per la seva difusió insospitada i la seva popularitat enorme: la versió del *Nou Testament* pels monjos de Montserrat, que ens ofereix un català planer però correcte. I això és el que necessitàvem.

Fa goig de veure-ho. I és així, però el correctiu del llenguatge alambinat, en voler propagar qualsevol estil planer, ha provocat, si voleu indirectament, una mena de pugna entre literats i gramàtics. Aquest és un fenomen típic d'uns moments determinats en la història de totes les llengües. Doncs bé: el problema també ha estat posat, en els darrers anys, a casa nostra. Jo, que, encara que ho volgués, no podria desempallegar-me del meu ofici, ho tinc simplement per absurd. Per dues raons paral·leles, que fan veure l'estreta dependència entre els extrems aparentment en pugna.

Primera raó. La gramàtica és establerta per la llengua en ús, és el conjunt de regles de l'expressió d'una comunitat, i és la comunitat parlant (i la tradició escrivint) qui ha determinat les regles. I en aquest punt cal remarcar com Pompeu Fabra insistia sovint en el caràcter provisional de la seva obra, la qual cosa vol dir que, en el fons, els escriptors, i amb ells, la massa parlant culta, «tenen la darrera paraula» (com deia Carles Riba).

Segona raó. La llengua (comuna, literària, parlada) és canalitzada, en certa manera frenada, per la gramàtica. O sia que la llengua, que ha afaiçonat la gramàtica, queda ella mateixa subjecta a la mateixa gramàtica que s'ha proporcionat. I la maduresa d'una llengua culta es pot mesurar per l'equilibri que ha assolit entre aquests dos factors, col·laboradors més que competidors. Que, així, és més difícil de fer literatura de creació, és cert, però ací veiem el gran valor de la disciplina, com a aglutinant de tots els qui pertanyen a una mateixa cultura. Amb això ara comprenem millor la prioritat de la «llengua comuna» sobre la «llengua literària».

Però sens dubte he fet mal fet de dir-vos la meva opinió sobre la pugna plantejada entre literats i gramàtics, puix que Carles Riba, en tractar d'aquest problema, n'ha donat ja la solució (i, sentint les seves paraules, recordareu allò que dèiem abans sobre el caràcter a part dels diccionaris exhaustius, a l'hora d'elaborar la «llengua comuna»). «Sempre i a tot arreu l'escriptor de raça ha esbatut amb una certa impaciència la brida dels gramàtics, sovint impertinents en l'oblit dels límits de llur comesa pròpia; sempre i a tot arreu, en canvi, s'ha llançat amb delit dins la selva més o menys intrincada dels diccionaris: un mot rar que hi descobreix sembla ésser-li un excitant: encara que només sigui l'excitant d'un dia.» I més avall: «Per a l'escriptor degudament format, ni la regla gramatical no és tanta nosa que realment impedeixi, ni el mot que el sobta, llampant, en girar una pàgina del diccionari, no exerceix una seducció que essencialment li hagi de fer perdre les maneres honestes del gust.» I remarqueu que això no ho diu un gramàtic, sinó un dels artífexs més excelsos de la creació artística en català, però fondament preocupat per l'assoliment de la «llengua comuna», «clara i apta, indefinidament disponible».

Tot això ens fa veure clar com és d'absurd el problema plantejat: gramàtica i literatura, o literatura i gramàtica, tant se val, són els dos veritables pilars de la llengua. També ens adonem, amb tot el que hem dit, de fins a quin punt l'obra de Pompeu Fabra era segura i ben feta: insistint, primer, en allò previ (l'ortografia); després posant els fonaments de la gramàtica i de l'estil (a base de l'estudi dels clàssics i de la llengua parlada); arribada l'hora del diccionari general, elaborant-lo amb informació, amb contenció, amb precisió, amb justesa.

Tanmateix, l'obra de Pompeu Fabra era una gerra preciosa, però que havia d'omplir-se del vi més pur: aquest vi, l'han anat trafegant, generació rera generació, els artífexs de la llengua, com els que Carles Riba esmentava en un fragment suara recordat, i sobretot ell, el gran Riba, que, al cap de cinquanta anys de les Normes ortogràfiques, ens apar com el qui més ha sabut fer camí partint dels postulats de Pompeu Fabra.

Voldria reduir a unes poques idees, a unes gairebé fórmules, fàcils de recordar, tot el que he dit. I se m'acut que potser fóra útil de fer-ho mitjançant una paràfrasi de les quatre causes dels escolàstics. Hi ha, de primer, la «causa material»: és el poble català, el subjecte parlant, la llengua ella mateixa, que posseeix una tradició secular. Hi ha, després, la «causa eficient»: és la que ha «fet» la llengua comuna, és la codificació, són les regles; és, en un mot, l'obra de mestre Fabra. En tercer lloc, la «causa formal»: són els artífexs i estilistes, i, davant tots, Carles Riba, que han aconseguit la valoració estètica i, amb ella, la internacionalització de la llengua. I, la darrera, la «causa final», que ens explica el perquè de totes aquestes inquietuds, el perquè d'aquella «noblement folla» empresa de què parlàvem en començar: l'ennobliment i l'enaltiment de la nostra llengua catalana.

III. *Tres problemes del català d'avui*

Insuficiència dels mitjans d'ensenyament i de difusió

El primer terç d'aquest segle fou d'una fecunditat ben poc comuna, quant a la refermança de la llengua catalana i a la propagació del seu ensenyament. Avui ho podem considerar ja d'una manera objectiva, per tal com així ens permeten de fer-ho tant la llunyania en el temps, ja suficient (gairebé un altre terç de segle), com la ruptura de tot un seguit de circumstàncies (que no poden afectar-nos, doncs, des d'un punt de vista subjectiu). Ambdós factors fan àdhuc quelcom més que permetre un examen objectiu: ens hi obliguen. No el podríem pas fer d'altra manera. En aquest terreny de l'examen d'uns fets, com a matèria d'estudi, un hom resta colpit davant la tasca, abundosa, ajustada i eficaç, del redreçament de l'idioma i de la codificació de la gramàtica, i, al mateix temps, de la universalitat i la penetració d'aquestes empreses dins el poble català.

La feina feta pot ésser jutjada si comparem el clima cultural de dues dates, en els dos extrems del període esmentat. Entre altres que podríem escollir, pensem, per exemple, en la publicació, el 1901, de la famosa *Lletra de convit*, de mossèn Antoni M. Alcover, amb la qual començava el gran renou que havia de culminar amb el Primer Congrés Internacional de la Llengua Catalana (Barcelona, 1906). Això, per un extrem. Per l'altre, la publicació del *Diccionari general de la llengua catalana* de Pompeu Fabra (1932), i els actes del Centenari de la Renaixença Catalana (1933). No hi ha punt de comparança. No voldríem pas que aquesta manca de comparança fes creure que sentim cap menyspreu pels nostres erudits de 1900. No, i així ho hem reiterat en manta ocasió. És més, estem convençuts que sense l'entusiasme encès d'aquella gent, Catalunya hauria obtingut igualment l'obra de la llengua literària i la promulgació de l'ortografia i la gramàtica (al cap i a la fi això havia d'ésser la tasca de molt pocs); però estem igualment convençuts que la immensa popularitat i l'acceptació generalitzada d'aquesta obra només poden explicar-se per la commoció que havia produït, per totes les terres nostrades, el pas de l'«apòstol de la llengua catalana».

Passem revista de les fites més importants de la recuperació idiomàtica. La fundació de l'Institut d'Estudis Catalans (1907). La promulgació de les *Normes ortogràfiques* (1913). L'obra lingüística i gramatical de Pompeu Fabra: ja pels volts de 1900 s'havia donat a conèixer amb treballs gramaticals importants, però després donà a llum les seves obres més assaonades: la *Gramática* (en castellà) de 1912, la *Gramàtica catalana* (1.ª ed., 1918), el *Diccionari ortogràfic* (1.ª ed., 1917), mentre les *Converses filològiques*, com a fulls de calendari de la magna empresa, anaven atenent aspectes concrets, a mesura que se'n feia evident la necessitat. Les seves inquietuds docents, posades ja de manifest amb alguna edició adequada de la gramàtica, el duien a professar a diversos llocs (la Normal, la Universitat), i a donar conferències pertot. Finalment, el *Diccionari general* (1932), ja esmentat, i, de publicació pòstuma (Fabra morí el 1948), la segona edició d'aquest darrer (1954), i la refosa de la *Gramàtica catalana* (1956). En la tasca d'ensenyament i difusió de la llengua, l'obra de Fabra comptà tot seguit amb un grup de llibres de text i d'exercicis que han esdevingut clàssics entre nosaltres, i fou en gran part canalitzada dins l'Associació Protectora de l'Ensenyança Catalana (1917). Pels volts de 1930 els intel·lectuals valencians i balears sancionaven l'ortografia de l'Institut, amb un mínim d'acceptació a llurs modalitats idiomàtiques, la qual cosa estenia i enfortia la unitat interna de la llengua. L'acceptació immediata de les *Normes* de 1913 per la premsa diària, les revistes i les empreses editorials, condicionà la universalitat de la reforma. Escola i premsa, doncs. En dir premsa, pensem també en el món editorial. Si tenim en compte el cens demogràfic de la llengua catalana (molt baix en contrast amb el nombre de persones que parlen castellà, o francès, o les altres llengües de cultura), comprendrem l'esforç que representa l'edició de llibres en català. I també en aquest camp l'aportació fou sempre remarcable. Poc després, en aparèixer la radiodifusió, en la qual Barcelona fou capdavantera, el català disposà d'un altre element de difusió de la llengua correcta. Els anuncis i els rètols diversos, per carrers i places i en els vehicles de servei públic, arrodonien el quadre. Aquest quadre, sostingut per la vitalitat interna de la llengua, colpia el visitant, i recordem com el romanista Walther von Wartburg, entre altres, se'n féu ressò a la introducció d'un dels seus llibres, on fa veure que l'ambient idiomàtic barceloní diferia substancialment del de la resta de ciutats espanyoles. La llengua havia fet molt de camí, en els trenta anys i escaig de què parlem.

La situació actual és molt diferent. Per això en parlem com d'un dels «problemes» de la llengua d'avui. És ben cert que els darrers anys són de millora en tots els terrenys. Quan fou autoritzat novament el teatre català (1945), feia pena de sentir alguns dels actors, que no dominaven ni el més elemental de la prosòdia de la llengua. Avui hom sent, a l'escena, una pronunciació correcta, i, demés, el teatre català compta amb un bon esplet d'actors, hi ha cercles de teatre d'assaig, algun premi per a fomentar el teatre català, etc. També ha anat progressant l'edició del llibre català. Qui se'n voldrà fer càrrec, és pregat de repassar les llistes de llibres en català, llistes que apareixen a «Serra d'Or» o en els volums *Cap d'any*, el *Llibre de l'any*, etc. Actualment són força abundosos els premis de novel·la, instituïts per organismes oficials, empreses editorials o particulars benemèrits, i, encara, d'algun altre camp (com el de la biografia), que estimulen l'home de lletres. El nostre públic, que ens havia arribat a fer témer que s'acostumava a prescindir del llibre català, s'hi ha tornat a afeccionar, i, malgrat el nerviosisme de la vida actual i la coexistència d'altres mitjans de diversió i de difusió cultural, molts llibres assoleixen més d'una edició, i el nombre de llibres publicats augmenta un any rera l'altre.

Quant a allò que podríem anomenar «adhesió» dels catalans a la llengua llur, enregistrem, amb satisfacció, una altra millora, també considerable. Sigui'ns permès de dur ací un exemple característic. Seran, una altra volta, dues dates comparades. De 1947 a 1950, en sentir que hom els proposava un treball de seminari per al qual havien de llegir quelcom en català, no era rar que els estudiants universitaris (de la secció de filologia romànica, o sigui els que s'especialitzaven en llengua) contestessin que no sabien llegir català (i us ho deien en català!), i és que no n'havien fet mai la prova. En la tardor de 1960 hem vist vibrar, a la Universitat, centenars d'estudiants, en la commemoració del centenari de Maragall, feta en català. La reafirmació d'aquesta adhesió, acomplerta en el si de moltes famílies, ha evidenciat la necessitat de més cursos de llengua catalana. Limitats durant força temps a algunes institucions confessionals, darrerament els cursos de català han anat estenent-se molt i molt, i hom n'ha organitzats àdhuc a dues Facultats universitàries. L'estiu de 1961 fou dotada, pel Ministeri d'Educació Nacional, una càtedra de llengua i literatura catalanes, a la Facultat de Filosofia i Lletres; Antoni Comas n'és el primer titular (1965).

Destaquem, encara, que l'Institut d'Estudis Catalans, remarcable aportació del nostre país a la cultura universal, ha mantingut tostemps el seu prestigi, dintre i fora les fronteres, no ha deixat d'orientar els erudits i el poble culte, i ha anat fent aparèixer les seves publicacions tan regularment com ha pogut.

Tot amb tot, som lluny encara d'allò que correspon a una necessitat objectiva de la vida de la llengua, bé que cal tenir molta confiança en la seva vitalitat i en la seva força.

La immigració en massa de gents no catalanes

Barcelona, que havia entrat a la dinovena centúria amb menys de 100.000 habitants, en compta més de mig milió en entrar al segle actual (més exactament: 88.227 hab. l'any 1818; 189.948 el 1860, i 533.000 el 1900). Avui la seva població excedeix el milió i mig d'habitants, i si tenim en compte els nuclis de població que l'encerclen i que, bé que administrativament independents, formen un tot, sense solució de continuïtat, amb la capital, veurem que es tracta d'un conglomerat d'uns dos milions, en números rodons. Mencionem el cas de Barcelona com un exemple, que és el més palès, per l'allau que representa (malgrat que la proporció d'immigrants és encara més alta en altres ciutats), però el problema té un abast general. A Barcelona, durant llargs anys, la immigració era nodrida de les mateixes terres catalanes de l'interior. La major part d'ascendents de les famílies barcelonines d'avui procedeixen d'altres ciutats o comarques de Catalunya. Això pot interessar el sociòleg, per exemple, però des del punt de vista idiomàtic, les coses no en quedaven afectades, per tal com les lleugeres diferències dialectals no pesaven en el conjunt i eren esborrades de pressa.

Però la industrialització progressiva del país, sobretot el gran desenrotllament de la indústria mecanitzada del darrer terç del segle passat, i la mancança de mà d'obra en tots els terrenys, anaren oferint ocasions de venir gents de totes les terres espanyoles: de moment els nou vinguts d'Aragó predominaven, després els de les províncies meridionals (Múrcia, Andalusia) els han superats. El cas és que actualment hi ha, a Catalunya, una gran quantitat d'immigrants no catalans, pertanyents, en llur gran majoria, a l'estament obrer. Bé que en els darrers anys, amb la complicació de la maquinària administrativa de l'Estat, ha augmentat també el nombre de funcionaris forasters, la part més gran dels immigrants és la que formen els obrers.

Altrament, com diem, un alt percentatge de gents no catalanoparlants no és cap novetat: en 1910, i en 1920 i en 1930, hi havia contingents semblants (la proporció no era tan alta com en l'actualitat), però amb una diferència que assenyalarem més avall, i que fa més greu, per al català d'avui, el fet de la immigració. Aquesta és enregistrada, sobretot, a les ciutats i zones industrials. No deixa, però, de produir-se, en els darrers temps, al camp: ja no és rar de trobar mossos i jornalers no catalans a les masies i a les explotacions agrícoles del país. En aquest punt cal remarcar que al camp i a les poblacions industrials de categoria secundària (fins als 10.000 o 15.000 habitants, més o menys, i a les «colònies» fabrils), l'assimilació del català pels immigrants és molt més ràpida que no pas a les ciutats més importants. Allí la gent no té l'habitud de parlar sinó en català, i, així, ningú no s'adreça mai en castellà als immigrants. Aquests no tenen altra solució que aprendre la llengua del país, cosa d'altra banda no massa difícil, de manera que la mateixa generació de la immigració acaba guanyada pel català en pocs anys, bé que els nous catalans no abandonin jamai un accent fort que denuncia llur origen foraster. A les ciutats grans, i a Barcelona entre elles, aquesta assimilació és molt més lenta: no s'acostuma de produir fins a la segona generació. En efecte, els fills dels immigrants ja són bilingües (en ells coexisteixen la llengua de la família, el castellà, i la de l'ambient, el català), i, bé que el parlar dels pares els ha marcat alguna empremta, molts cops indeleble (d'índole fonètica, o de sintaxi, o d'expressions), pertanyen al món del català, almenys del català parlat. Afanyem-nos a dir que si sempre és agosarat de generalitzar, més ho és en aquest terreny, en què els factors que poden entrar en joc (familiars, professionals, d'amistat, de diversions dominicals, etc.) són de procedència i de resultats molt varis.

A les ciutats grans, l'assimilació del català és, per tant, més lenta que al camp. Les raons que afavoreixen aquesta lentitud són diverses. Una d'elles és la convivència dels immigrants, els quals no són, per exemple a Barcelona, illots no catalans enmig un conjunt de gent de llengua catalana, sinó que molt sovint és al revés. Els uns amb els altres, els immigrants es fan costat. Una sèrie de cases regionals els ofereixen una relació d'esbarjo amb gent de la terra llur («paisanos»). Afegim a això que a ciutat la gent està més habituada a parlar castellà, i a una pregunta formulada en castellà, hom hi respon en castellà (cosa que no ocorre a les poblacions menys importants, com dèiem suara). Nogensmenys, l'immigrant establert a Catalunya s'ha posat ell mateix en el camí que, tard o d'hora, el portarà a la seva catalanització. L'obrer de categoria inferior (el peó, el manobre, el descarregador, etc.) quan s'adreça al capatàs, i aquest és català, s'esforça per fer-ho en català, per malament que ho faci. Uns graons més amunt de l'escala, els obrers en general procuren d'expressar-se en la llengua dels encarregats i dels contramestres, quan parlen amb ells, sense reparar en defectes d'expressió que sens dubte els avergonyeixen i els retreuen d'emprar aquesta llengua que no dominen, fora de llur ambient professional. En aquest aspecte, el català representa el paper de la llengua de la classe superior (la llengua dels «burgesos»), i és sabuda la influència social d'aquesta mena de mimetismes.

La immigració és un fet, avui com fa trenta anys. La diferència és més d'ordre quantitatiu que d'ordre qualitatiu. Però, com hem insinuat abans, avui l'assimilació és més lenta. L'explicació ens la dóna el «problema» que hem considerat primer. Fa trenta anys, el català tenia més defenses que ara. Els nou vinguts es trobaven dins un quadre, en el si del qual funcionaven una colla de recursos que podien contrarestar — i de fet, més o menys de pressa, ho assolien — les conseqüències lingüístiques de llur instal·lació. Aleshores l'assimilació era un fenomen que hom podia descomptar: a un termini més o menys dilatat, era, però, d'un resultat assegurat. Avui el termini resta molt allunyat, i l'assimilació, dubtosa. Per això, el fet sociològic de la immigració ha adquirit, per a la llengua catalana, veritable categoria de «problema».

Distància entre llengua literària i llengua col·loquial

Totes les llengües presenten dues modalitats fonamentals, que viuen la vida de la llengua seguint sengles vies paral·leles: la llengua literària, per una via, i la llengua familiar, per l'altra. L'una completa l'altra, i la combinació harmònica d'ambdues és la fórmula que forneix a la llengua maduresa i flexibilitat. La llengua literària, que, tota sola, correria el perill d'encarcarar-se, rep de la modalitat familiar frescor i vida. Aquesta darrera, que fàcilment es desbordaria, és frenada, en els seus impulsos, per la llengua literària (amb el pes de la història, dels autors i del sistema gramatical). Els dos camins són, han d'ésser, per a anar bé, paral·lels. Com més justament es mantenen en aquest paral·lelisme, les dues modalitats, proliferant, poden formar una gamma més perfecta de matisos de llengua. Però si perden el paral·lelisme, l'expressió lingüística es desequilibra. Així, si les paral·leles s'acosten massa, la llengua literària perd to i dignitat, i la producció esdevé plebea. O bé, si s'allunyen anòmalament, la literatura, divorciada de l'ànima del poble, es reclou en un cercle d'una perfecció molt assolida, però la gran massa de parlants, o sia el subjecte fonamental de la llengua, resta a part d'allò que ja només en teoria és el seu bé més íntim: l'expressió vernacla.

Els dos desequilibris poden ésser, en la vida de les llengües, conseqüència i manifestació de la mateixa malaltia: ens indiquen que les condicions de vida de la llengua sofreixen alguna irregularitat. I de fet, des que el català va perdre's pels viaranys de la decadència, hom ha pogut diagnosticar-li manta vegada aquesta malaltia, en la seva fase de plebeisme. Després de recobrar la seva personalitat (Renaixença, Verdaguer), i amb l'ajuda d'uns quants factors positius, aconsegueix, per un temps, una situació idiomàtica d'harmonia entre les dues modalitats, literària i familiar. Àdhuc, per aquesta harmonia, no sembla pas llengua minoritària. Tornem a ésser al primer terç d'aquest segle, ara vist des d'un altre prisma: però la llum que s'hi refracta és la mateixa. Un examen atent d'aquesta època ens permet de veure que les dues línies paral·leles típiques s'han bifurcat, i ens presenten una realitat més complexa: hi ha la llengua literària (en una fase de plenitud, amb obres que obeeixen a un alt concepte de la dignitat literària, de l'estètica expressiva i de la propietat idiomàtica), la llengua escrita intranscendent (on s'apleguen les manifestacions sense inquietud estètica, com la notícia de premsa, el text publicitari i el gènere epistolar de circumstàncies), la llengua parlada per persones cultes (on hom constata a cada pas la influència beneficiosa de l'escola i d'un clima de dignificació que arriba a esdevenir popular), i la llengua més popular i àdhuc vulgar (amb analogies i altres vicis i incorreccions, i amb calcs evidents del castellà més o menys après a l'escola).

La situació actual ha tornat a reduir les manifestacions de la llengua a les dues paral·leles típiques. Hi ha, per un costat, la llengua literària, que segueix essent d'una gran dignitat i perfecció, i la llengua familiar, per l'altre. I les circumstàncies han fet que ambdós tipus idiomàtics quedessin més distanciats que no convindria en una situació normal. Per això l'anomenem «problema»: la separació, ben remarcable, entre el català literari i el català parlat. Aquest tercer problema es troba íntimament relacionat amb els altres dos que hem examinat abans. En efecte, vegem-ho amb el primer: els mitjans d'ensenyament i de difusió han esdevingut insuficients: la llengua o no és ensenyada o no ho és en el grau que caldria; manquen una colla d'ocasions per a la llengua escrita intranscendent, i, al mateix temps, per a la relació de la llengua literària amb totes les capes culturals del país. Conseqüència: la llengua literària, com a reacció, tendeix a retreure's i a fer-se més alambinada. Per altra banda, el segon problema: la immigració ha contribuït (juntament amb la influència de la llengua oficial) a la contaminació del català, que ha adquirit molts trets (en els sons, en les formes, en la frase, en el vocabulari) que no tenen res de genuïns. Conseqüència: la llengua parlada tendeix a fer-se més vulgar i més plebea.

El resultat d'aquesta situació no és difícil d'endevinar: el contrast violent que presenta la llengua catalana d'avui, entre una literatura excel·lent i un parlar corrent molt incorrecte. És la separació de les dues paral·leles, com ho remarcàvem suara.

El català literari compta amb veritables monuments: les versions de la Fundació Bernat Metge, o de la Fundació Bíblica Catalana, i la prosa científica de les publicacions de l'Institut d'Estudis Catalans, ho palesen a bastament. Com a exemple de creació literària, i per no haver d'inserir una llista de noms, esmentarem el més representatiu, Carles Riba, no sols per la qualitat estètica i lingüística de la seva gran obra, sinó pel seu valor de mentor de diverses generacions literàries més joves. Tota aquesta producció satisfà el més exigent, i és comparable, pel to, amb la de qualsevol altra llengua, per assolida que es consideri. I, en canvi, la modalitat més estesa de la llengua parlada presenta vacil·lacions simptomàtiques, franques incorreccions i castellanismes violents, en una densitat molt alta, i amb una extensió entre persones cultes que alarma. Àdhuc ben sovint la conversa espontània d'excel·lents escriptors no es troba exempta de barbarismes. Com ho dèiem abans, és ben cert que aquest desequilibri denuncia una malaltia de la llengua: les coses no hi ocupen els llocs que els corresponen.

En el terreny pràctic, sobretot fins fa uns deu anys, no era rar de veure la desil·lusió als ulls d'usuaris modestos de la llengua, els quals, en veure una pàgina de «català literari», exclamaven: «Això és el català? Jo no podré escriure mai aquesta llengua!» I ben a desgrat llur, s'havien de resignar a seguir escrivint a la mare o a la promesa o als amics en una llengua que sabien que era incorrecta, malgrat que no hi poguessin fer més; això, si no canviaven de llengua. Això darrer no hauria estat just. Com tampoc no era just que es desil·lusionessin. Sense adonar-se'n, eren víctimes de la malaltia. Encara en el terreny pràctic, i deixant a part el camp (on la llengua vernacla ocupa un lloc no compartit, i que segueix essent la gran reserva per a la llengua del demà), la relativa impuresa del fons popular, on ha de recolzar la llengua més elevada, fa exclamar sovint a gent forastera que el català és poc menys que una llengua inventada. Tampoc això no és just, i moltes vegades els qui ho diuen ja ho saben. Precisament l'obra de Fabra (la restauració del català literari i la codificació de la gramàtica) pot ésser esmentada com a modèlica (basada en la llengua antiga, en la literatura, en els dialectes). Aquest retret és també una visió deformada per la mateixa malaltia. La malaltia que, en produir la separació entre les dues línies paral·leles, ens demostra que alguna anomalia dificulta la vida de la llengua.

Tornem a allò que hem dit abans. És anòmal que una llengua no tingui el nombre suficient d'ocasions per a escriure el que hem anomenat textos intranscendents; el català hauria de posseir aquesta modalitat d'anunci, notícia informativa, textos de propaganda, correspondència comercial i banal, etc. En un mot, la modalitat no literària, però escrita, que totes les llengües acostumen de tenir, i que fa de pont entre els extrems (literari i parlat) en què la vida de l'idioma és polaritzada. Això ens porta a un punt que considerem crucial: es tractava de circumstàncies exteriors, i el reconeixement d'aquest fet ja ens exculpava. Però això només és cert en part. Creiem que, dels tres problemes que estudiem ací, aquest és aquell en el qual els catalans hem tingut una bona part de responsabilitat. Davant els perills que atemptaven contra la puresa de la llengua, preferíem de tancar-nos, i així guardar-la amb més seguretat. És típica la contesta d'un gran home de lletres nostrat, en ésser interrogat per què emprava mots tan poc corrents: «Ja són al diccionari!» I això, oh sarcasme, quan la segona edició del *Diccionari general* de Fabra (1954), no havia estat publicada, encara, i era molt difícil de consultar-ne la primera, exhaurida, sobretot per als joves, com a darrers arribats al món de les lletres. Però la contesta adduïda seguia essent poc procedent àdhuc després de 1954. Tenia validesa per a un determinat tipus de literatura, però la gent no va pel món amb un diccionari a la butxaca. Aquesta ha estat la gran responsabilitat nostra: duts per les circumstàncies, havíem identificat la llengua escrita amb la llengua literària.

Sortosament hi ha entre nosaltres persones conscients de la importància que té l'extensió del conreu de la llengua a totes les capes culturals i socials del país. Sortosament, també, com dèiem en l'examen del primer «problema», avui disposem de més mitjans d'ensenyament de la llengua que fa deu o quinze anys. És realment reconfortant de veure com s'ha difós la llengua en els darrers temps: biografies de personatges ben populars, edicions de llibres de cost reduït, la gran difusió de la «nova cançó catalana», etc., són elements que van contribuint que aquest tercer problema deixi d'ésser-ho. I per inversemblant que sigui que tan aviat se'n vegin ja els resultats, és indiscutible que cada vegada hi ha més gent, a casa nostra, que aprèn d'escriure cartes i s'adona que, per a expressar-se en català, no cal ésser un literat de primera línia. Tots plegats hem d'ajudar aquesta gent: cal que, en la part, per petita que sigui, que depengui de nosaltres, el català es trobi a l'abast de tots, i pugui expressar qualsevol modalitat idiomàtica, que pot molt bé no ésser de tipus literari. Pensem que, en contribuir a la divulgació d'un català senzill però correcte, no sols ajudem aquesta gent, sinó que fem un gran bé a la mateixa llengua catalana.

Llengües i cultures en contacte

I. La joventut, de cara a dues cultures

Hom parla de la cultura francesa, de la cultura nord-americana, o de la de qualsevol altre país. Això ens diu que, ultra el concepte absolut de la cultura, com a conjunt orgànic de coneixences literàries, científiques i artístiques (que veiem, per exemple, en l'expressió «és persona d'una gran cultura»), podem aplicar aquest concepte a un poble determinat, i, de fet, limitant-lo a una època concreta (així, quan parlem de la cultura grega, hi entenem, si no hi ha res que ens ho rectifiqui, la cultura de la Grècia clàssica), i aleshores signifiquem la participació d'un poble i d'un període de la història al gran afer humà que és la cultura universal. A vegades, tot adjectivant el concepte de cultura, ens referim a un conjunt de pobles que posseeixen un nombre suficient de trets comuns que gairebé igualen la modalitat d'aquella participació, com quan parlem de la cultura llatina o de la cultura germànica. D'altres vegades, en canvi, reduïm molt i molt l'espai afectat, en el qual, però, creiem veure manifestacions espirituals no compartides idènticament pels pobles més propers en la geografia i en el tarannà: així parlem ben sovint de la cultura catalana. Vistes així les coses, no és rar que la cultura catalana i la cultura castellana (o espanyola, perquè té relacions íntimes amb l'organització estatal del país) arribin a ésser presentades com a contraposades, o, almenys, com a específicament diferents. Heus ací el gran dilema per a molta gent. I si sembla que el tal dilema ha deixat d'ésser-ho per a tots aquells qui, d'una forma o altra, ja han decidit una opció (bé que se'ls torna a aparèixer més sovint que no voldrien), es fa ben present, i àdhuc s'ageganta, de cara a la joventut en general, i, sobretot, de cara als universitaris més conscients de llur responsabilitat.

Però abans de posar el problema concret de la cultura a casa nostra, ens sembla convenient de fer unes consideracions breus sobre el desenrotllament de la cultura com a mitjà de formació de la personalitat de cadascú. Sobre la manera com hem de saber «fer treballar el capital de la cultura», com hem de saber «ferli produir uns rèdits». L'obligació de realitzar i de millorar la formació humana és universal i s'estén a tots els terrenys en els quals la vida fa acte de presència: físic, familiar, cívic, professional, moral, religiós. Però, al més sovint, és dins el camp professional on podrem fer treballar el capital de la cultura. Cal que remarquem el gran pes de la professió en la vida contemporània: per a la sociologia, la professió ha esdevingut un factor determinant de l'home d'avui i de tota la seva problemàtica, i això mateix podríem dir des de l'angle d'un cristianisme actual i integral. L'obligació que té l'individu de formar-se, bé que en l'època dels seus estudis pot semblar més fonamental (aleshores és qüestió d'ésser o no ésser), continua obligant greument durant tota la vida professional: és ben sabut que, a les enquestes sobre la professió, tan freqüents avui, es dedica molt d'espai a preguntar-nos de quina manera ens esforcem per posar-nos al dia, i per mantenir-nos-hi, en la nostra professió.

I és que, si ho mirem bé, l'exercici de la professió és molt important, tant per a l'individu mateix com per al país en què aquell desenrotlla la seva activitat; o, dit amb altres mots, tant per a la seva cultura personal com per a la cultura col·lectiva de la seva terra. És evident que tot això té una aplicació molt principal a les professions anomenades liberals, però no és menys cert que, en un sentit lat, es pot aplicar a tots els casos. La manera com les professions hi són exercides també caracteritza un país i la seva cultura. En realitat, les definicions que ens fem d'un país, els conceptes que emetem sobre la seva manera d'ésser, són força més complexos que no pensem a vegades: quan diem, d'un país, que els serveis públics no hi funcionen bé, en el fons emetem una consideració desfavorable per a la seva cultura (per tal com pensem que un nivell determinat de cultura exigiria un altre funcionament d'aquells serveis). Però hi ha molts altres elements pels quals jutgem un país. Heus-en aquí alguns: la solvència dels comerciants, l'honestedat dels funcionaris públics, l'eficiència de l'escola primària, la integritat dels jutges, la moral professional dels metges, el funcionament de les biblioteques, la fidelitat a la ciència per part dels investigadors, el valor objectiu de l'alta cultura, etc. Doncs bé, en tots aquests elements, i en d'altres que en podríem esmentar, hi ha molt de l'exercici de la cultura, hi ha molt de la manera com hom «fa treballar el capital de la cultura» en aquell país. I això, en gran part, depèn dels professionals: aquests predeterminen, doncs, si no en grau suficient, almenys en una proporció considerable, el concepte que hom té de la cultura de llur país fora de les seves fronteres. També voldríem al·ludir a una qualitat que hom considera comuna a la major part dels fets de cultura, i que, en realitat, en facilita la realització: la continuïtat. No és pas la qualitat més sobresortint de les empreses humanes, i menys encara als països llatins. I no volem dir, amb això, que, en aquests països no es puguin produir fets importants en el camp de la cultura, sinó que la continuïtat acostuma de crear un clima adient al fet cultural, a l'ensems que, en sentir-se hereu d'una llarga tradició, l'home d'avui es veu més obligat a prosseguir una revista científica, una institució, uns premis, i altres manifestacions culturals típiques. Obres com el famós *Thesaurus Linguae Latinae* (on diverses generacions de grans erudits alemanys han fos llurs esforços), o les meravelloses biblioteques nord-americanes (on hom té la pruïja de servei a l'estudiós), o la institució del Collège de France (de funcionament tan singular i que a alguns pot semblar de poca eficàcia) retraten tres tipus de cultura, però tots tres requereixen aquell do de la perseverança en una comesa educativa.

A la llista d'elements pels quals jutgem un país, no

n'hem posat cap que es referís als estudiants. Nogensmenys, els estudiants, tal com entenen llurs obligacions, donen tant un to determinat a la cultura que els forma i els educa, com ells mateixos en reben l'empremta. Així, el país on la majoria d'estudiants sols es moguin i treballin pel càlcul d'allò que, una vegada acabats els estudis, els ha de permetre uns guanys materials o una comoditat per ella mateixa, és un país marcat per una cultura pragmàtica i utilitària. Un altre fet concret ens il·lustra molt, bé que en un terreny diferent: hi ha països en els quals el fet de copiar en un examen és simplement inconcebible, i on, si en parleu com d'una possibilitat, els estudiants us diuen que implicaria l'expulsió fulminant, i amb escàndol, de la Universitat on aquest fet delictuós es produís. En d'altres països, copiar en un examen no és considerat acceptable, però en realitat es fa sovint, i no implica sancions tan expeditives. I encara podríem seguir matisant més i més. No cal que ho fem. Però és evident que es tracta de quelcom que ha de repercutir en el concepte que hom té, de portes enfora, de la cultura del país. Allí on domina, enmig de la joventut universitària, el desig sa de millorar les institucions, de renovar allò que va esdevenint caduc, de superar els defectes de les generacions anteriors (cosa que no exclou pas de valorar i d'acceptar els grans béns que ens han llegat; més aviat, en bona llei, les dues actituds van unides), allí el «termòmetre» de la cultura assenyalarà una febrada venturosa per a aquelles institucions i per al país al qual pertanyen. Un nivell alt dels treballs realitzats pels estudiants (exercicis de càtedra, memòries de llicenciatura, tesis doctorals, etc.) dirà molt a favor de la cultura científica d'una terra, sobretot del seu futur immediat. Això és molt bo, i permet d'augurar que aquelles generacions joves, en atènyer la maduresa, influiran sobre les associacions internacionals de cada branca del saber, sobre l'orientació de les universitats, sobre la mateixa ciència ja sense fronteres. Però, en justa llei d'equilibri, i pensant que la cultura, com dèiem en començar, és un gran afer humà, aquest desenrotllament de l'ala més exclusivament científica de la cultura ha de venir acompanyat per una inquietud en tots els ordres de la vida espiritual col·lectiva. Des d'aquest angle, és bo de recordar el pes que han tingut els estudiants, a casa nostra, dins institucions culturals de gran envergadura: fa trenta anys, les associacions professionals d'estudiants (per facultats); en fa més de seixanta, aquell famós bloc escolar nacionalista, on Enric Prat de la Riba féu els seus discursos primerencs. Les perspectives de l'actuació del món universitari, en la cultura i per la cultura, són, doncs, molt i molt àmplies.

Les maneres segons les quals podem «fer treballar el capital de la cultura», o, si tan bé van les coses (com en les empreses industrials i comercials), podem àdhuc procedir a veritables «ampliacions de capital», són, és clar, diverses. N'assenyalarem les tres més importants: millorar les coneixences (investigació), millorar les institucions (organització) i difondre el saber així acumulat (divulgació). Jutgem innecessari de donar-ne detalls. La investigació és el treball personal, és el camp on més pròpiament podem parlar d'«ampliacions de capital», és allò que fa avançar la cultura d'un país, i, en definitiva, és el pont pel qual la cultura d'un país esdevé cultura universal. Les màximes aportacions en aquest sentit corresponen als països que per això són anomenats capdavanters en el terreny de la cultura. L'organització és, en general, allò que facilita la recerca personal, i normalment està en contacte amb l'administració del país; en el cas concret de casa nostra, la cultura com a expressió genuïna de la recerca i les institucions que l'han d'encarrilar (a vegades de factura forastera) no sempre vibren a l'unísón, i això crea dificultats greus per a la viabilitat de la cultura nostrada (la recerca genuïna es troba molt sovint fora de les institucions administratives, mentre que aquestes no aconsegueixen de participar amb plenitud en la cultura de la terra). La tasca de difondre, a l'abast dels diversos nivells, el saber i la cultura és de les més responsables que hom pugui imaginar: de res no serviria, a la cultura més elevada i més penetrant, de constituir una gran aportació a la cultura universal, si no es podia sentir recolzada en el poble, si no havia sortit, d'una forma o altra, del mateix poble en nom del qual deia que operava. En aquest supòsit, tindríem una cultura que excel·liria com a «científica», però que fracassaria com a «humana». D'altra banda, és una tasca molt complexa: comprèn la docència en tots els camps (des de l'universitari fins al segon ensenyament i fins a l'escola primària), l'educació paraescolar (cursos de divulgació, conferències, càtedres ambulants, xarxes de biblioteques populars amb seccions de préstec, premis, etc.), i la tasca editorial (manuals, col·leccions d'iniciació cultural, revistes de cultura general o ja més especialitzades, etc.). Ens abstindrem de fer els comentaris que se'ns acuden. Més ben dit, en farem un de sol: imaginem el cas d'un país, capdavanter en les recerques de física nuclear, en el qual, però, els llibres de segon ensenyament seguissin presentant l'àtom com trenta anys ha...; fóra un país mancat de tot equilibri cultural. I, encara que una contradicció semblant sigui, avui, inimaginable, ens esfereiríem si, des d'aquest angle, buscàvem conseqüència als mètodes del batxillerat de molts països.

Hi ha, per a algú, una quarta manera d'empènyer la cultura d'un país: la creació artística. És un fet que desorienta que ben sovint els literats, els artistes i els músics de «primera línia» sorgeixen dins països que no són pas capdavanters en la cultura «científica». I és innegable que aquelles figures són de gran talla en l'ordre espiritual. Però aquest és un fet que queda a part: la gran creació artística és innata, no és adquirida; és donada, no és obtinguda amb esforç. En canvi, la cultura és fruit de l'esforç, és el resultat de la noble lluita de l'home per dominar les coneixences de les coses: si només són artistes aquells qui en tenen el do, tothom és cridat a la palestra de la cultura, i tothom hi és admès (mentre accepti les regles del joc, regles que es basen en molts de renunciaments i en moltes limitacions).

Això explica, tant que el gran artista aparegui sovint on la cultura no és prou avançada, com que considerem la creació artística en certa manera a part del fet cultural més normal. En relació amb l'artista, sí que hi ha quelcom que ja pertany al camp de la cultura: la valoració com cal d'aquest artista i la seva influència en el poble són dos motius pels quals allò que hem dit que era a part del fet cultural ho esdevé plenament. Fora d'aquests casos, quan parlem de la cultura d'un país, pensem més aviat en la conquesta del saber (recerca), com es realitza aquesta conquesta (institucions), i com se'n difonen els resultats (divulgació).

Però ja és ben bé hora de posar el problema de la cultura a casa nostra. Hem fet veure l'obligació i la responsabilitat que tothom té de promoure la cosa cultural. Ara hem de veure dins quina òrbita. Evidentment l'home és lliure de vincular-se a la cultura que prefereixi. Així com hi ha un dret a la migració, un dret a establir residència on sembli millor de fer-ho, per raons personals, hi ha un dret semblant a escollir el lloc i el clima humà des dels quals hom ha de fer avançar la cultura. I, de fet, hi ha molta gent que es passa d'una cultura (l'originària) a una altra (l'adoptiva). Aquest tipus de migració espiritual és molt freqüent entre intel·lectuals. Recordem fins a quin punt aquest factor ha intervingut en la formació de la cultura nordamericana moderna. O com el poble jueu ha fet progressar diverses cultures. O com, dins Europa, la cultura francesa és la més absorbent, la que més s'assimila gent de lletres, erudits i científics d'altres terres, els quals acaben esdevenint, almenys culturalment, francesos.

Però això no és el més corrent. És molt més habitual de servir la cultura del mateix país de cadascú, d'incorporar-se a la cultura del propi país. D'altra banda, és quelcom que ocorre en tots els camps: en l'econòmic, en l'esportiu, en l'espiritual, generalment ens sentim afectats per les manifestacions de la nostra terra. Així veiem com, d'una manera normal, els francesos s'incorporen a la cultura francesa, els alemanys a l'alemanya, etc. No solament és el més normal: es pot defensar, en una bona «teologia de la professió», que (deixant a part casos personals, que tots tindran justificació suficient) hi ha una obligació moral de servir la cultura pròpia. Així, doncs, també és procedent que els catalans s'incorporin a la cultura del país. Però, ¿quina és la cultura del nostre país? Ara veiem, amb tota la seva perspectiva, el dilema que insinuàvem en començar: és evident que a Catalunya conviuen dues cultures. I si, moltes vegades, ambdues cultures coincideixen en llurs manifestacions i trets distintius, en altres ocasions se separen de faisó ben explícita: per això dèiem, també en començar, que no és rar que hom presenti la cultura catalana i la cultura castellana (o espanyola) contraposades. I és cert que hi ha diferències remarcables entre ambdues. El nostre petit país, com ja ha estat remarcat, és un dels exemples més clars de «minoria ètnica», tal com aquest concepte ha estat definit per Joan XXIII a l'encíclica *Pau a la terra*, amb referència, entre altres institucions, a la seva llengua, a la seva cultura i a les seves tradicions.

Aleshores l'obligació moral de servir la cultura del propi país pot esdevenir un problema d'ètica, per tal com aquella obligació es bifurca: servir la cultura del propi país pot entendre's, ací, com a servir la cultura oficial (recolzada en les institucions de l'Estat i expressada en la llengua oficial), o com a servir la cultura minoritària (inspirada per un esperit altre que el d'aquella, i expressada principalment en la llengua minoritària). I ens tornem a preguntar: ¿quina cultura hom ha de servir, en consciència? La resposta no és fàcil, sobretot per a fer-la d'un abast general. Caldrà fer algunes consideracions a fi que cadascú hi pugui respondre, també en consciència. I afanyem-nos a dir, ja des d'ara, que tot és lícit i correcte, que ningú no pot ésser blasmat per haver optat per incorporar-se a la cultura espanyola o a la cultura catalana. El que cal és que hom ho resolgui en consciència.

Procedim, però, a les consideracions a què acabem d'al·ludir. És indispensable que els qui opten per la cultura catalana sàpiguen que llur decisió implica uns renunciaments i unes limitacions que poden esdevenir greus. En primer lloc, l'obra concebuda i expressada en català té una difusió més reduïda que si és expressada en castellà. La reducció de la seva òrbita no correspon, certament, a la diferència demogràfica entre ambdues llengües (de força més de cent milions dels qui parlen o empren el castellà com a llengua de cultura, als sis milions dels qui parlen català), però no hi ha dubte que les publicacions en català són molt menys conegudes que les publicacions en castellà. L'escriptor no ha d'ignorar això, doncs, en decidir-se per cultivar una llengua o l'altra. Cal veure, en tota la seva dimensió, l'abnegació dels editors catalans, el sacrifici que ha estat sempre, i que segueix essent encara, de publicar llibres catalans com a mitjà de sosteniment d'una empresa i d'un mateix. En segon lloc, la difusió més limitada del llibre català porta conseqüències: en igualtat de circumstàncies, un autor ha d'ésser molt més important per a aconseguir una certa popularitat o una certa valoració entre la gent que llegeix (per tal com el nombre dels qui llegeixen i s'interessen per la cosa cultural és, en valors absoluts, més baix; deixem ara els percentatges relatius), que no pas si s'expressa en castellà; l'escriptor s'ha de resignar que els seus guanys siguin més mòdics pel fet de la seva expressió en català (o sigui que els drets d'autor que percep no són mai exponent del valor intrínsec de la seva obra, sinó de fins a quin punt les circumstàncies han fet que fos coneguda); també hi ha una conseqüència d'una certa humiliació: el nostre Carles Riba deia que, per imperatius de la història, així com el món culte coneix els poetes i els autors danesos mitjançant versions angleses o alemanyes, és natural que els autors catalans siguin coneguts per traduccions castellanes (i franceses), amb tot el que d'atemptat a l'original genuí representa la traducció més ben feta. En tercer lloc, per a molts que senten la inquietud d'escriure, i ho volen fer, com és lògic, en català, i no han tingut altre aprenentatge sistemàtic que l'escola oficial en castellà, és molt costós de dominar el català literari amb prou facilitat per a fer-ne mitjà d'expressió habitual (sobretot, per tal com aquesta tasca és, per a la majoria, d'autodidacte obligat). Com a darrera consideració, l'escriptor en català sap molt bé que, donant forma catalana a allò que bull dintre seu, s'exposarà, durant tota la seva vida, almenys a retrets, i àdhuc a incomprensions i malentesos, a causa d'una tècnica ben coneguda del nostre (en això) dissortat país, de fer política d'allò que només és biologia del poble.

Fetes les consideracions anteriors (a les quals en podríem afegir d'altres, encara), la conclusió més lògica és que és més còmode de servir la cultura majoritària del país. És el camí més fàcil per a anar endavant, per a tenir «esdevenidor», per a assolir èxits. I ningú no pot ésser acusat per dedicar-se a aquest servei: es un bé, objectivament, tant per a la persona, com per a la col·lectivitat. Però, tenint en compte també les mateixes consideracions anteriors, i situant-nos en un terreny ben humà, la conclusió més honrada és que és més fi, espiritualment, de servir la cultura minoritària del país. És un bé superior, que satisfà de la manera més plena l'esperit més exigent: proporciona aquella joia de renunciar a un guany material en canvi d'una generositat quelcom folla, però que sentim operant dintre nostre. De la mateixa manera que, en qualsevol país, és més elegant de servir la cultura pròpia dins la línia de la recerca menys interessada que no pas cercant allò que donarà més rendiment, o escrivint un llibre de text com a mitjà de satisfer unes necessitats, o publicant allò que ja sabem que un públic determinat espera. En realitat, al llarg dels anys, un hom és testimoni de la recança pregona expressada a vegades per catalans que han esdevingut personalitats prestigioses en la cultura espanyola, i que, en la intimitat, us diuen com els sap greu de no haver estat més fidels a la petita cultura catalana; o d'aquells catalans que, per haver quedat exclosos de fet en una mena de repartiment tàcit de llocs, s'han queixat, anys després, de no compartir amb la resta una situació més compromesa amb la cultura catalana. I tants d'altres, encara. Ja hem dit abans, a propòsit de l'emigració, que cada cas té la seva explicació personal, i no ens hi hem de ficar, però és ben cert que no hem sentit mai expressar una recança semblant de sentit contrari: no hem sentit mai que cap català (que, si es mou en el camp de la cultura, haurà tastat tantes renúncies) es penedeixi de no haver-se incorporat, de jove, a la cultura oficial, que l'hauria pogut fer pujar molt més enlaire, amb el mateix esforç que ha esmerçat a fer progressar una mica la cultura autòctona.

Cal que diguem tot seguit que s'equivocaria qui volia aplicar tot el que diem a unes persones determinades. Les coses són sempre molt complicades, i, en aquests terrenys, i a casa nostra, molt més encara. Ens referim, sobretot, a l'esperit amb què hom es llança a les empreses culturals, o se sent íntimament incorporat a una o a l'altra d'ambdues cultures. Pensem en el cas típic de col·laborar o no amb les institucions estatals: col·laborar-hi implica admetre de fet unes «regles de joc» (com, per exemple, les oposicions) que ens repugnen, però amb la possibilitat de treure'n també uns beneficis per a la cultura catalana. No col·laborar-hi és més digne, és més dins la línia de puresa i de fidelitat, però, mentre esperem de fer-nos unes institucions més nostres, anem perdent oportunitats, un any rera l'altre. Vegem-ho en un cas concret: Jaume Vicens i Vives entrà a la Universitat (o sigui que es doblegà a seguir les «regles del joc», etc.); nogensmenys, i sigui quin sigui el judici que es farà d'ell i de la seva obra, és evident que pesen molt en la cultura catalana, i que seguiran pesant-hi. Com dèiem, les coses no són gens fàcils d'analitzar, i el que compta és l'esperit amb què cadascú se sent vinculat o no a la cultura catalana. Si s'hi sent vinculat, farà cultura catalana (a Catalunya, o a l'estranger; en un lloc oficial espanyol o francès o mexicà, o a casa seva, etc.).

Examinem alguns casos pràctics. No és rar que algú no tingui opció, quant a la llengua. Imaginem el cas d'un periodista dels anys trenta: suspesa totalment la publicació de diaris i revistes en català l'any 1939, i impossibilitat de canviar de professió, ha hagut de fer el gran sacrifici de substituir la seva expressió idiomàtica (i diem sacrifici, per tal com aquesta substitució li ha estat exigida): en el millor dels casos, ha hagut de treballar per la cultura catalana en castellà (amb els perills greus que això entranya i que assenyalarem tot seguit). Tampoc no té opció, molt sovint, l'autor d'un treball d'investigació (o àdhuc l'autor d'un manual) que no troba editor per a publicar-lo en llengua catalana (la llengua en la qual l'obra ha estat concebuda): una vegada més, ara per raons de tipus comercial, una activitat arrenglerada dins la producció científica nostrada no pot arribar al públic en la seva expressió lingüística més genuïna.

Hi ha, encara, el que podríem anomenar «servei ocasional» a les dues cultures. Com ja hem indicat abans, la nostra literatura i, en general, totes les nostres manifestacions espirituals han d'ésser difoses, a l'estranger (i dins ambients no especialitzats com a catalanòfils), a través del castellà (o del francès). O bé: el portaveu de la ciència catalana, en congressos i reunions científiques internacionals, ben poques vegades podrà ésser la mateixa llengua que la inspira. Però hi ha també un «servei permanent» a les dues cultures: el director d'una biblioteca o d'un museu de l'Estat, un professor universitari, etc., han de desenrotllar unes activitats professionals dins els quadres de l'administració pública, han de donar conferències i lliçons i han de publicar treballs que foren difícilment admesos si eren publicats en català (i fins i tot raons d'eficàcia i de tàctica no ho aconsellarien), mentre que, en una convivència constant, despleguen d'altres activitats que han d'inscriure's decididament dins el marc de la cultura minoritària i no oficial. Nogensmenys, en el fons, cap d'aquests erudits no se sent igualment lligat a les dues cultures: tots ells, com dèiem abans, es consideren vinculats «en esperit» a una d'elles, i qualsevol espectador objectiu (i no pas massa perspicaç) no vacil·laria a dir, de cadascun: «aquest actua en català», o bé: «aquest altre actua en castellà» (tant si escriuen en català com si escriuen en castellà). També ací, doncs, arribem a la mateixa conclusió que abans.

Insinuàvem, suara, que la simultaneïtat del servei a dues cultures no és sense perills. Els qui són afectats per aquesta simultaneïtat han d'afrontar, en primer lloc, el calc lingüístic (que ben sovint provoca que, en lloc de beneficiar-se dels avantatges de posseir dues llengües, hom les confongui lamentablement i demostri, així, que no en domina cap), i, amb ell, el calc que podríem anomenar estilístic. És sabut que cada llengua té la seva «forma interna» i que el castellà és molt difús i molt flexible, tant en la manca de diferència entre matisos significatius dels mots (que les altres llengües acostumen de destriar amb fixesa), com en la llibertat de l'ordre de mots (que no té establert amb rigidesa), com, encara, en la prolixitat de la seva construcció (que totes les llengües han conegut en èpoques pretèrites, però que han anat corregint i dominant, sobretot davant la necessitat de procurar-se un veritable estil científic). Ens abstindrem de glossar la «forma interna» del castellà per tal com això ens duria massa lluny, però n'hi ha prou que el lector compari, mentalment, un text corrent castellà amb un de similar en francès. Aquestes característiques del castellà fan que el pas (mental, oral o escrit) des de qualsevol llengua al castellà sigui fàcil i, per tant, còmode, però dificulten en gran manera l'expressió dels castellans en una altra llengua més rígida, perquè s'hi facin entendre amb claredat i amb justesa. Heus aquí per què parlàvem dels perills del «calc estilístic» en què es troben tots els qui s'expressen a vegades en català i a vegades en castellà. Els és forçós de conèixer a fons el geni d'ambdues llengües, a fi que l'acte voluntari d'expressar-se en una d'elles sigui seguit, immediatament i com un reflex, de la forma idiomàtica pròpia que li correspon. I això no és fàcil d'assolir: quantes vegades un text català, àdhuc molt correcte quant al lèxic, no apareix com a poc genuí en la sintaxi i en l'ordre de mots, per haver estat concebut «a la castellana»!

Però ens sembla que encara hi ha un tercer calc que, bé que a risc d'innovar massa, anomenarem «calc espiritual». I és que dues cultures, malgrat que tinguin molts trets comuns, són sempre diferents en alguns altres de molt característics. Per això hom no les confon, com dèiem abans. Fóra impossible per a un que hi és massa a prop, de concretar què podem considerar que diferencia la cultura catalana de la castellana. Pecaríem de vanitosos, o de modestos, o d'exagerats, o de desequilibrats: en un mot, no podríem ésser objectius. Per això pensem que és millor de presentar, breument i senzillament, les apreciacions que hem anat sentint, durant ja bastants anys, a personalitats destacades en el món de la cultura de diferents països europeus i americans, a propòsit de la cultura catalana. Heus aquí, doncs, què diuen de nosaltres, o què hi troben que, de fet, valgui la pena d'ésser presentat com a distintiu.

Els catalans veiem la nostra cultura — diuen — com una peça del gran mosaic mundial, que, per petita que sigui, es trobaria a faltar si era omesa en una interpretació de conjunt. Aquesta consciència de la universalitat de la cultura bandejaria qualsevol intent de tipus egocèntric. Diuen també que la realitzem amb seriositat en el tracte, amb sentit de responsabilitat, amb clara consciència dels compromisos que hom contreu (i que, si veiem que no podem dur a terme una comesa determinada, renunciem a acceptar-ne el compromís); encara, que la realitzem, en la forma, amb mesura i contenció (i tot subjectant-nos a un estil científic, ja dit abans). Quant als factors materials que en possibiliten la realització (capital i institucions), els catalans hem construït el més important de la nostra cultura sense comptar amb les subvencions oficials, perquè teníem motius per a no posar-hi massa esperances; sigui conseqüència d'aquest fet, sigui manifestació del nostre tarannà col·lectiu, el mecenatge i les fundacions privades han sorgit amb relativa freqüència, i hom s'hi ha sentit més segur que amb les institucions d'Estat. Probablement en relació amb el que acabem de dir (i potser també amb la mateixa concepció del fet cultural, com a peça petita, però en harmonia amb un tot universal), hom veu la cultura catalana sota el signe de l'austeritat: la nostra demografia modesta fa que les empreses culturals, sense subvencions oficials, no puguin ésser luxoses, però és una austeritat que no rebaixa, ni els seus resultats no són com d'«estar per casa», sinó estimats en allò que valen. Encara diuen que, si no salvem sempre la continuïtat de les nostres empreses (per raó de la manca de solidesa de la institució pública, que és, o vacil·lant i de poca durada, o adversa), almenys manifestem un decidit «esperit de continuïtat» (com volent distingir entre l'ànima que hi batega al dessota i les maneres tan imperfectes amb què dóna senyals de vida). Això és el que hem sentit a dir de la nostra cultura, o ho hem vist escrit. Potser el més interessant és el fet mateix que se'ns pugui adjectivar d'una manera o altra, per tal com l'adjectiu pressuposa un substantiu (en aquest cas, el substantiu és, doncs, la cultura catalana, d'existència específica reconeguda).

Arribem al terme de les nostres consideracions. Les dificultats de servir la cultura catalana o de servir les dues cultures del país deuen ésser ara molt més clares que abans, àdhuc evidents. Repetim allò que ja hem dit en posar el problema: és molt més còmode de desentendre's de la cultura minoritària. Però, sense negar aquesta comoditat, ens hem esforçat per fer veure com és molt més elevat i molt més noble de col·laborar-hi i de fer quelcom per ella. En primer lloc, perquè és objectivament un bé de justícia. En segon lloc, perquè, per a la joventut, les dificultats són l'estímul amb què la seva generositat reacciona, i la reacció d'avui és determinant per a qui ha de dur les regnes de la nostra cultura de demà.

II. El bilingüisme català-castellà

No creiem que calgui començar amb un preàmbul sobre la doctrina científica del bilingüisme. Ni fóra possible de resumir-la en poc d'espai, ni fóra profitós de presentar-la al lector, el qual té, sens dubte, una idea feta sobre el fenomen. En canvi, potser no serà debades de precisar el concepte, tot partint de les tendències que han fet acte de presència en el camp científic aquests darrers anys. Una definició etimològica no ens ajuda pas massa: «bi-lingüisme» (ço és «dues llengües») no ens diu res de nou (sempre i a tot arreu hem associat «bilingüisme» amb la coexistència de dues llengües), ni ens aclareix les perspectives del fenomen (un francès que aprengui l'alemany i el domini com un natiu no serà, per aquest fet, un bilingüe).

Modernament hi ha hagut la tendència a considerar el bilingüisme com un dels casos de dicotomia expressiva que tant interessen, avui, als professionals dels estudis sobre el llenguatge: les oposicions «llengua escrita/llengua parlada», «llengua comuna/dialectes», «llengua general/parlars professionals o de grup» han induït els lingüistes a tractar del bilingüisme com d'un cas més de dualitat idiomàtica en oposició: «llengua A/llengua B». I, de fet, la mateixa denominació de bilingüisme ha anat essent substituïda, en els estudis tècnics, per la de «llengües en contacte». Tot amb tot, creiem que el bilingüisme és una cosa a part. Bé que és innegable que hi ha concomitàncies entre la problemàtica lingüística de les parelles esmentades i el fet de dues llengües en contacte, són dues realitats diferents: aquelles parelles corresponen sempre a una sola llengua, mentre que en el bilingüisme les entitats confrontades són dues llengües, dos sistemes, dues estructures.

De les diverses menes de bilingüisme que podem distingir, voldríem destacar-ne, ací, i amb el fi de començar de centrar el tema al nostre país, el «bilingüisme natural» i el «bilingüisme ambiental». El primer és el que caracteritza els fills de pare i mare de llengües diferents, o els qui, per una raó semblant, es troben en contacte amb dues llengües des d'abans mateix del començ de la vida conscient: pensen i s'expressen indistintament en ambdues llengües, fins i tot abans d'estudiar-ne cap d'una manera sistemàtica. En trobem exemples a les terres on el contacte entre dues llengües favoreja els matrimonis mixtos; per exemple: a Bèlgica, al cantó suís de Berna. Cal reconèixer que, malgrat el que diem, el tipus de «bilingüe natural» no és tan freqüent com pot semblar de primer antuvi: al més sovint els nens, àdhuc els fills de pares de llengües vàries, creixen i assimilen el vocabulari fonamental en una sola llengua (que per això s'anomena «llengua materna»). El bilingüisme natural tampoc no és inexistent a casa nostra, entre els fills de pare català i mare castellana, o al revés. Però, també ací, en la majoria dels casos, els nens es formen en contacte essencialment amb una sola llengua. A les ciutats, i entre persones d'una certa cultura, el cònjuge català és qui acostuma de cedir davant la llengua de l'altre. Al camp succeeix al contrari: la llengua pràcticament única de la societat s'imposa també en família, i el pare o la mare no catalans abandonen llur castellà d'origen. Tanmateix, bé que és innegable que en realitat hi ha pocs «bilingües naturals» (per les raons adduïdes), no és menys cert que el pare o la mare que, en cedir, han renunciat que llur llengua sigui la familiar, l'empren sovint, i fins i tot d'una manera gairebé sistemàtica, en adreçar-se als fills a soles. Aquests es troben, doncs, en una situació lingüística curiosa: formats, com dèiem, en contacte fonamental amb una sola llengua, en tenen una altra, a la ment i al record, molt fàcil de fer sorgir en un moment donat. Aquests nens tenen una llei de bilingüisme natural atenuat.

El que anomenem «bilingüisme ambiental» és el que ofereixen, en general, les llengües minoritàries, en conviure amb la llengua oficial de l'Estat (o amb la llengua que, dins l'Estat, té més potència i vitalitat), i això tant si la posició de l'Estat envers elles és favorable com si és hostil: tothom qui és afectat per aquesta condició ha de lluitar molt sovint amb el calc idiomàtic, i, si és possible que en tregui els grans avantatges de posseir dues llengües, també és possible que no n'arribi a tenir cap de ben coneguda. Diem que l'existència d'aquest tipus de bilingüisme és a part de l'actitud de l'Estat; en efecte, tant el trobem al país rètic (o cantó suís dels grisons), com a França. A Suïssa, amb escola primària en llengua materna, amb les veus de comandament, a l'exèrcit, en el mateix parlar dialectal dels soldats que les han de sentir, amb textos dialectals escrits, etc., i a França, país típic de centralització administrativa, amb escola primària exclusivament en francès, amb un gran poder d'assimilació política, i amb una força, no menys poderosa, d'irradiació cultural. Tant a Suïssa com a França, doncs, hi ha exemples de bilingüisme ambiental, per tal com la força expansiva d'una llengua amb més demografia i recolzada damunt una cultura de més abast arriba a neutralitzar la bona voluntat de l'Estat més comprensiu (i així la llengua rètica va sucumbint enfront l'alemany de Suïssa), o simplement reforça la posició absorbent de l'Estat exclusivista (i així les llengües altres que el francès han quedat reduïdes, a França, a la categoria humiliant de *patois*). De fet, si coneixem moltes dades sobre la penetració del francès enmig dels parlars meridionals, també hem sentit a dir, a l'editor del diccionari dels parlars reto-romànics, que ell pensava en alemany, i havia de fer l'esforç d'anar traduint per expressar-se en rètic.

Apressem-nos a dir, però, que s'equivocaria qui concloïa, de tot el que hem dit, que les llengües minoritàries estan a les acaballes, o que, a la llarga, ho tenen tot perdut. No. La vida d'una llengua és quelcom molt important, i els seus recursos per a perviure són ben sovint menystinguts, minimitzats o simplement ignorats per molts, àdhuc a vegades ignorats a sabuda que no és just de fer-ho. Ja en són una prova els mateixos parlars meridionals de França, que esmentàvem suara; fem avinent que hom ha pogut publicar un llibre amb el títol expressiu d'*El francès parlat a Tolosa*: malgrat la imposició de la llengua oficial, aquesta apareix impregnada de trets occitans, que palesen la resistència de la llengua natural que hi batega al dessota. Però l'exemple sens dubte més contundent de resistència d'una llengua minoritària, ens l'ofereix el català: després del llarg temps de la decadència de les nostres lletres, es refà, poderós, a mitjan segle passat, i la seva vitalitat retrobada possibilita l'obra d'unificació i codificació gramatical i la universalització de la seva capacitat expressiva, ja en aquesta centúria; en les mateixes circumstàncies actuals, el català, sense escola, sense premsa, sense els altres mitjans més elementals de difusió, amb un greu problema d'immigració en massa de gents de parla castellana, no sols no perd força, sinó que avança en tots els terrenys. Per això dèiem que les llengües minoritàries no estan pas a les acaballes. I per això existeix el bilingüisme ambiental.

Buscant el coneixement idiomàtic més assolit, i tenint en compte la facilitat d'aprendre llengües noves, la primera impressió que un hom té és que l'anomenat bilingüisme natural ha d'ésser la millor situació imaginable. Si el contacte amb la llengua des del bressol, podem dir, marca tan definitivament una persona que hom parla de la seva «llengua materna», sembla que si aquest contacte des del primer moment pogués ésser amb dues llengües (com en el cas dels fills de matrimonis mixtos), la persona formada així hauria de tenir dues «llengües maternes». Ara que vivim sota el mite d'aprendre llengües (sense regatejar els avantatges del coneixement de diversos idiomes), un hom se sent temptat d'envejar la condició lingüística del fill de pare i mare de llengües diverses. Àdhuc, exagerant, algú podria lamentar de no poder tenir més que un pare i una mare! Però tot això, com dèiem, no és més que el fruit d'una primera impressió. Cal que examinem la qüestió d'una manera més aprofundida. L'adquisició de la llengua és un procés relativament lent: els pedagogs estudien les fases i els tipus successius de l'assimilació del vocabulari pels nens, tot establint la correspondència entre el vocabulari assimilat i l'edat natural i mental d'aquests nens. Ací, cal que no ens deixem enganyar per la sorpresa de centroeuropeus i nòrdics en veure que l'assimilació del llenguatge pels nens dels països llatins és més primerenca i més ràpida que la dels nens de llurs terres: es tracta de diferències en els moments inicials d'uns processos (altrament determinables des d'altres angles, que ara no ens afecten), però els processos són els mateixos. Repetim-ho: l'aprenentatge i l'assimilació de la llengua són lents.

Hi ha un principi filosòfic, molt conegut, que diu que els conceptes no es poden considerar ben establerts al camp mental fins que han estat expressats, o, almenys, fins que han aconseguit una concreció suficient que els permeti d'ésser expressats. A tots ens ha ocorregut que ens hem adonat que no teníem una idea prou clara d'una cosa en intentar, debades, de donar-li una formulació verbal. Doncs bé, aquest principi falla, o és dificultat, o és retardat, en el cas dels nens que es troben en contacte amb més d'una llengua, des dels primers moments de llur aprehensió de la realitat exterior. Per al nen, es tracta d'aprendre què és, per exemple, el «formatge» (i no pas de saber que en català és anomenat *formatge*), bé que, com és natural, l'aprenentatge de la «cosa» implica el del «nom» corresponent; per a aquesta comesa, com més net d'obstacles es trobarà el seu camp mental, més fàcil li serà d'establir aquesta relació entre la «cosa» i el «nom», i, per tant, més de pressa podrà anar avançant, i aprendre què és un «trau», o bé què és un «núvol», etc. És, com diem, l'època d'adquisició del vocabulari fonamental, no precisament en francès, ni en castellà ni en català (almenys pel fet d'ésser francès, o castellà, o català), sinó en l'«única» llengua seva, la llengua com a instrument d'aprehensió, que per això anomenem «llengua materna». Però, si a l'ensems que aprèn que el «formatge» es diu *formatge*, i que el «trau» es diu *trau*, i que el «núvol» es diu *núvol*, volem que assimili els mots castellans corresponents (*queso, ojal, nube*), li fem perdre temps, li demanem un esforç desproporcionat a les seves possibilitats i el desviem de la seva activitat primària. L'adquisició del vocabulari fonamental (o sigui del món exterior) és quelcom més seriós i més delicat que no ho pensem moltes vegades. I les dues llengües al voltant, en una època que ja requereix un gran esforç mental per part del nen, no són el més adequat per a facilitar-li'n la tasca.

Això explica la unanimitat d'una constatació que no és pas difícil de fer. Visitant escoles d'intèrprets de prestigi reconegut, a diversos països europeus, hom comprèn bé l'afirmació que és més fàcil de fer un bon intèrpret, per exemple, d'un francès (monolingüe, però amb els quadres mentals establerts sòlidament) que no pas d'un luxemburguès o d'un bilingüe del cantó de Berna (en contacte constant amb dues llengües prou diferents, però, per això mateix, amb vacil·lacions d'estructura i de vocabulari). Hem esmentat el cas concret d'un francès per tal com és, sens dubte, el més típic en la seva dimensió: l'eficiència de l'escola primària francesa (tan racionalista, de bases «cartesianes») és ben coneguda, i aquesta formació escolar, en aplicar-se al llenguatge (es tracta, d'altra banda, de la més inflexible, la més gramaticalitzada de les llengües de cultura), produeix aquella situació mental de què parlem, que pot afrontar, amb facilitat i amb comoditat, d'assimilar els continguts idiomàtics en altres formes d'expressió (en altres llengües), per difícils i per diferents que siguin, en relació amb els seus originaris.

Aquest camí ens duu a parlar dels perills o inconvenients del bilingüisme, més ben dit, del gran perill: la confusió de les dues llengües en contacte. Tots els qui conviuen amb una llengua oficial, ultra la materna, saben fins a quin punt es troben afectats pel calc lingüístic. I no oblidem que el calc té les dues direccions: en sofreix tant la llengua oficial (externa a l'expressió més íntima) com la llengua natural (d'aparició profundament espontània). Només cal fixar-se una mica en el curiós «castellà de Barcelona», per a tenir-ne una evidència indiscutible: tot el sistema de la llengua castellana en queda afectat (en els sons, en les formes, en les construccions), i també el vocabulari i les locucions (a base de significats de mots catalans, aplicats a llurs corresponents fonètics castellans, sense tenir en compte si l'equivalència hi és correcta o no). Els calcs sorgeixen ja a l'escola, perquè els mateixos docents són els primers a produir-se idiomàticament en aquest castellà adulterat. I tot això, malgrat que a Catalunya hom s'esforça a parlar bé el castellà (i no passa com en zones fortament dialectals de la Península, per exemple Andalusia, on els parlants no cedeixen gens de llurs maneres regionals o locals, i descompten que hom els entén i els accepta l'expressió en dialecte). No: els catalans volen parlar bé el castellà. Però, víctimes del calc, traeixen a cada moment l'estructura i el lèxic de la llengua en la qual pensen.

El calc també es produeix, com dèiem, en sentit contrari: ja l'escola marca amb una empremta forta el català genuí dels nens, i a vegades aquests «castellanismes d'escola» (termes de matemàtiques, de noms geogràfics, etc.) romanen per sempre en els parlants adults. Per a molts usuaris de la llengua, sobretot els més modestos, hi ha camps del llenguatge en els quals no encertarien a trobar els mots autòctons. Després hi ha el fet que, malgrat que avui el nombre de publicacions en català és ja bastant important, la major part de les que hom té a l'abast és en castellà. I que la convivència amb els no catalans (companys de feina o d'esbarjo, veïns, minyones de servei, superiors i subordinats) es fa, gairebé sempre, sota el signe de cedir l'expressió vernacla a la castellana. Tot això explica a bastament que el català més corrent hagi quedat afectat per la llengua castellana oficial d'una manera notable, àdhuc greu.

Són, certament, els inconvenients del bilingüisme.

Espantats davant aquesta perspectiva, i conscients de com han sofert, ells mateixos, del calc lingüístic, hi ha alguns pares que es diuen: «Hem de procurar que els nostres fills no topin amb les dificultats idiomàtiques que a nosaltres ens han pertorbat, hem d'estalviar-los aquests maldecaps!» I, per resoldre'ls el problema, decideixen de parlar-los en castellà. És clar que els parlen en aquell «castellà de Barcelona», suara al·ludit. Però ací el que ens interessa és el fet de la decisió d'aquests pares. I així ho fan, almenys mentre els fills són petits (després, no és rar que els fills, que estan en contacte, si volem passiu, pero en contacte al cap i a la fi, amb el català, perquè és la llengua dels pares, adoptin el català com a llengua llur, i fins i tot que ho acompanyin d'alguna mostra que fa entendre que es passen al català per tal com ja són «nois grans»!). Encara hi ha més. Segons dades recollides per persones tècniques en el camp del primer ensenyament, els nens catalans de les escoles públiques (i que parlen català ordinàriament) posseeixen, als vuit i als nou anys d'edat, un vocabulari més reduït que els nens de parla castellana espontània, fills de pares no catalans. O sia que aquells identifiquen menys objectes i menys conceptes que aquests: els primers no han assimilat tant del món exterior com els segons. Els nens de parla castellana, en freqüentar l'escola primària en llur mateixa llengua, han anat essent introduïts normalment i gradual dins els quadres progressius del vocabulari, sense cap pertorbació exterior. En canvi, els nens de parla catalana, en xocar amb una escola en una llengua altra que la genuïna llur, s'han sentit dificultats en la tasca d'aprehensió de la realitat exterior, i això ha retardat el curs d'aquesta aprehensió: un esforç desproporcionat a llurs forces ha estat exigit a aquests nens, i en resten colpits, en la majoria dels casos, per sempre.

¿Haurem de donar la raó als pares que creuen, de bona fe, que fan un bon servei als fills si els parlen en castellà? ¿Haurem de lluitar contra el bilingüisme, cosa que a casa nostra vol dir que el castellà, ultra la llengua «oficial», tendeixi a esdevenir la llengua «natural» del país? No ho creiem pas. I no adduirem raons teòriques ni polítiques (respecte a la personalitat humana, individual i col·lectiva; drets de les minories ètniques i culturals, etc.). Ens limitarem a les raons lingüístiques.

En primer lloc, i per les circumstàncies del contacte entre ambdues llengües a Catalunya, el calc és inevitable: encara que els pares vulguin estalviar dificultats idiomàtiques als fills, ells mateixos paguen, a cada moment, el tribut al calc, de manera que la llengua que transmeten als fills n'és tacada remarcablement. I això mateix passa als mestres, i als parents i als amics dels nens (aquells qui, en adonar-se que uns nens són educats en castellà, se'ls posen a parlar en castellà, sense cap preocupació d'encertar la manera com tradueixen allò que pensen en català). El calc és tan universal, que s'estén molt i molt per l'ambient, i àdhuc els immigrants en són afectats, sobretot els menys cultes: no és rar que una minyona de servei (a qui hom ha parlat només en castellà durant un any, però el «castellà de catalans»), en retornar, per a unes vacances, al seu poble (d'Andalusia, de Galícia, etc.), sorprengui els seus «paisanos» amb un fort «accent català», que li és retret en la pronunciació, en el vocabulari, en la frase.

En segon lloc, atemptant contra el bilingüisme, menyspreem les seves riques possibilitats, que molts que no tenen bé prou voldrien per a ells. Perquè no hem d'oblidar que hi ha un costat ben positiu del bilingüisme. El contacte amb dues llengües és, a casa nostra, un fet evident. Dèiem, encara, que és un fet inevitable. Aleshores el que cal és esforçar-nos per treure conseqüències i aplicacions favorables d'aquest fet. D'altra banda, la fórmula és senzillíssima; no ignorem que escandalitza algú, però hem de dir que hi hem arribat d'una manera objectiva i que molts, amb les mateixes dades, han obtingut una conclusió encara molt més radical. Heus ací, doncs, la «fórmula». *a*) El parvulari ha d'ésser fet totalment i exclusiva en la llengua materna, amb la finalitat de no pertorbar l'assimilació del món exterior: és l'època del gran increment del vocabulari, de la fixació clara i definitiva dels elements gramaticals (la flexió, la conjugació, els adverbis, les preposicions, etc.), és, també, l'època en què el valor funcional dels sons de la llengua apareix, d'una manera tàcita, amb tota la seva coherència. *b*) Després pot venir un període (a 7 i a 8 anys d'edat, en general), d'introducció, molt calculada i molt mesurada, de la llengua oficial. Encara que ens manquen estudis científics especialitzats sobre la introducció gradual de la segona llengua, podem dir que cal començar per allò que és més determinant: els sons i el lèxic, i continuar per les formes i la frase (tot plegat, fet d'una manera molt intuïtiva i pràctica, i basat en l'anomenat «estructuralisme lingüístic», que ha esdevingut tan eficaç a tots els països on s'aplica a l'ensenyament primari). *c*) A 9 i a 10 anys, hom pot considerar que aquesta difícil transició ha estat realitzada amb el mínim de perjudici i el màxim d'aprofitament. L'ensenyament ja pot ésser continuat en la llengua oficial — si així convé o es vol —, i això tant si els nois prossegueixen l'aprenentatge de la llengua materna, com si aquest aprenentatge és abandonat. Naturalment, és molt millor que no el deixin, no ja per motius teòrics o sentimentals (fidelitat a la llengua de la terra, poder expressar-s'hi correctament un dia, etc.), sinó per envigorir llur personalitat i per poder seguir destriant els fets característics de les dues llengües.

És, més o menys, allò que hom practica a Suïssa: els nens de la Suïssa alemanya, per exemple, comencen d'abocar-se al món exterior en el «Schwyzertütsch», varietat de la llengua alemanya. Més d'una vegada hem debatut aquest tema de l'ensenyament primari amb amics i col·legues suïssos, els quals afirmen que no seria possible de fer el parvulari (el «Kindergarten») en «Hochdeutsch» (alemany comú). «El "Hochdeutsch" i el "Schwyzertütsch" són tan diferents — s'exclamen —, que els nens no entendrien els mestres, i l'ensenyament els crearia molts problemes, tants, que provocarien un endarreriment en llur formació.» Nosaltres, sentint-los, sempre hem experimentat una trista recança: la de constatar com som de lluny de la solució més adequada per als nostres infants, que, tan petits, es troben en contacte amb dues llengües (català i castellà), més diferenciades encara que no ho puguin ésser l'«alemany de Suïssa» i l'«alemany comú»...

Si un dia aconseguíem unes orientacions escolars segons els principis que hem donat, aleshores apareixerien els avantatges del bilingüisme sense ombres i amb totes les possibilitats. En drecem una llista breu, que no pretén pas d'ésser exhaustiva: solament té en compte els tres més importants.

Primer avantatge (de formació humana). L'adquisició del vocabulari bàsic i la de la gramàtica fonamental són fetes d'una manera normal, i a l'edat que correspon. Així, el sistema escolar contribueix a formar homes psicològicament normals, i al ritme que sembla més adequat per a la formació humana més harmònica. Establerts els quadres mentals amb l'ajut del vocabulari i de la gramàtica de la llengua materna (que sols han garbellat, però no rectificat, les dades sedimentades des del primer moment conscient del nen), es produeix, aleshores i no abans, la recepció d'una altra llengua, l'oficial, amb la qual hom estarà molt més en contacte que amb qualsevol d'altra que aprendrà: per més que els nens freqüentin una escola francesa, o una escola alemanya, etc., locals, cap de les llengües d'aquestes institucions no serà tan absorbent, per a ells, com ho és la castellana.

Segon avantatge (de cara a la llengua oficial). L'adquisició del castellà, més tardana, és, però, més aconseguida i més sòlida que si hom intenta de fer-lo aprendre ja al parvulari. Això té com a conseqüència la possibilitat d'una expressió normal en ambdues llengües, i una singular agilitat mental en la manera d'aquesta expressió, agilitat que es comunica a d'altres activitats del pensament. Ja no cal remarcar que, en el supòsit que ara imaginem, el «castellà de Barcelona» quedaria molt millorat; ocorre aquí com en l'exemple tret de les escoles europees d'intèrprets (que hem esmentat abans): si els quadres mentals del llenguatge (sobretot del vocabulari general i la gramàtica essencial) haguessin estat establerts en el si de la mateixa llengua materna, el castellà seria més ben assimilat, quan li n'arribaria l'hora, que si han estat introduïts en una època prematura, i a través del castellà, llengua encara desconeguda de la ment que s'està formant.

Tercer avantatge (de cara a d'altres llengües). La distinció clara i conscient entre dos sistemes fonològics molt diferents (com són els del català i del castellà) facilita l'assimilació correcta de nous sistemes lingüístics, o sigui l'aprenentatge de noves llengües. I el que diem dels fonemes es repeteix en el vocabulari. Això, a part el fet que dos sistemes reuneixen més sons (i més mots) que un de sol. És avantatjós, per als catalans, en aprendre d'altres llengües, de practicar, per exemple, les distincions fonemàtiques de sorda i sonora, de fricativa i africada (en les consonants), o d'oberta i tancada (en les vocals), sobretot quan el castellà, des del Segle d'Or, quedà notablement empobrit de sons consonàntics (raó que explica, en gran part, les dificultats articulatòries dels castellans per a assimilar bé la pronunciació d'altres llengües).

La història ha fet que els catalans, especialment aquells qui tenen una certa cultura, estiguin en contacte amb dues llengües: la llengua natural (o catalana) i la llengua oficial (o castellana). El bilingüisme que resulta d'aquesta situació és una arma de dos talls: dut amb partits presos i apassionaments, constitueix una pertorbació greu en l'edat escolar, que molt sovint marca d'una manera definitiva l'expressió dels catalans (en ambdues llengües, ambdues influenciades recíprocament, i, per això, ambdues incorrectes), i, amb l'expressió, llur psicologia. Dut amb lògica i amb comprensió, el bilingüisme ha de servir per a envigorir els conceptes bàsics, per a conèixer a fons la llengua oficial a través de la llengua materna pròpia, per a adquirir una agilitat mental remarcable en tots els terrenys, i per a facilitar molt i molt l'assimilació d'altres llengües. Reconeguem que els avantatges del contacte amb dues llengües des de la primeria són més que els seus inconvenients, per tal com, de fet, els catalans, tal com avui es veuen obligats a practicar el bilingüisme (amb escola únicament en castellà), si en treuen algunes vacil·lacions i dubtes, a vegades greus, en llur expressió habitual, no deixen d'adquirir-ne una major facilitat per a l'aprenentatge de llengües estrangeres. Farem molt bé, doncs, de primer, de no renunciar a un bé que la història, la família i la cultura posen a les nostres mans, i, després, de lluitar per treure, d'aquest bé irrenunciable, tots els avantatges culturals que les orientacions científiques més solvents ens ofereixen.

III. *Notes sobre el castellà parlat per catalans*

L'anomenat «bilingüisme ambiental» caracteritza tots els països en els quals la llengua oficial conviu amb una altra llengua minoritària, com a conseqüència de fets històrics diversos. A casa nostra, aquesta llei de bilingüisme és la situació resultant d'una realitat política concreta: la condició del català com a llengua minoritària des de fa més de dos-cents anys, amb una sèrie d'alts i baixos en els seus drets i les seves possibilitats, però sota unes circumstàncies més dures des de 1939. Això fa que el català (la llengua familiar i de la relació social) sofreixi una influència forta del castellà (la llengua de l'ensenyament i de la major part de les lectures: professionals, d'imaginació, trivials). Del que acabem de dir, se'n desprèn que la influència del castellà oficial sobre el català natural es troba en relació directa amb el grau de cultura de les persones: així, en els medis rurals (on hom només parla català i l'escola oficial és poc eficient), el bilingüisme ambiental no existeix de fet, mentre que és ja molt remarcable en les persones que posseeixen una cultura superior o una formació universitària. D'altra banda, com que el català és la llengua natural dels individus (la que cala més endins en llurs possibilitats expressives, la que ha modelat llurs pensaments), el castellà que aprenen és constantment traspassat pel català, com a llengua més pregona. Per a la lingüística general, l'encreuament d'ambues llengües és font de tota mena d'observacions. Ara voldríem fer veure com, en sedimentar-se el castellà (llengua apresa) damunt el català (llengua espontània), ja a la mateixa edat escolar, els catalans cultes no poden evitar, en general, que una bona sèrie de trets de llur llengua natural apareguin en llur «castellà»: és el curiós «castellà de Barcelona». Això que diem de Barcelona té aplicació al castellà parlat per qualsevol grup de catalanoparlants (valencians, balears, etc.), i bé que les nostres observacions directes es redueixen als fenòmens al·ludits, no deixarem d'inserir alguns casos recollits del castellà parlat per catalans d'altres contrades.

Ja tenim presentada, doncs, la situació espiritual de molts catalans cultivats, que han freqüentat només l'escola en castellà: l'empremta del contacte prematur entre dues llengües és, en ells, inesborrable: els catalans sempre es troben en la millor situació perquè el calc lingüístic es produeixi. Tot el que ara diem té un valor molt general: dues persones que hagin rebut el mateix tipus d'instrucció en castellà, i la mateixa intensitat del català a la família, poden manifestar, en expressar-se en castellà, llur substrat català de maneres molt diferents.

Com ja ho hem deixat entendre abans, tots els casos que adduirem han estat recollits del parlar de persones cultes. Reconeguem que és difícil de calibrar el valor dels exemples: tots són corrents entre gent de formació universitària, però hi ha persones que no presenten tots els calcs, o només en presenten alguns, i tampoc no manca qui no en presenta gairebé cap. Això depèn de tres factors: de la intensitat del català en la vida familiar de cadascú (i de les seves relacions, lectures, ambient professional, etc.); del grau de penetració de la seva instrucció en castellà (i, altra volta, de la seva vida de relació, etc.) i d'allò que anomenem correntment «facilitat per a les llengües» (la qual cosa fa que, amb el mateix esforç, una persona adquireixi, millor i amb més rapidesa que una altra, l'«accent» d'una llengua forastera). Reduïm les nostres observacions a trets del català que apareixen en el castellà parlat per catalans. Paral·lelament es podria estudiar tot allò que hi ha de castellà en el català més corrent, però ara només ens fixarem en la primera direcció esmentada del calc.

El català i el castellà són, totes dues, llengües romàniques; es troben, doncs, unides per la comunitat d'origen, i aquesta comunitat és, encara, reforçada per la situació geogràfica de veïnatge immediat i per factors històrico-culturals de relació íntima. Però, com és ben comprensible, ambdues llengües no coincideixen ni de bon tros en llurs tractaments evolutius: per alguna raó hom les considera llengües independents l'una de l'altra. Així, doncs, hi enregistrem diferències pregones, tant en els quadres essencials (d'estructura), com en bon nombre de fets concrets (de discurs). L'origen català d'una persona que parli castellà és remarcat tant per trets fonètics i gramaticals, com per algun mot que no és al diccionari acadèmic, com també, sobretot, per una colla de vacil·lacions simptomàtiques i una mancança de naturalitat general. N'hi hauria prou amb aquestes dues darreres característiques per a adonar-nos que les estructures d'ambdues llengües són diferents, si doncs no ho vèiem ja per molts dels altres trets al·ludits. Els calcs d'estructura són típics dels sons i de les funcions, mentre que els de discurs apareixen entre les formes gramaticals i al lèxic. L'examen d'uns quants casos de vocabulari ens prendria molt d'espai, i en prescindirem, per tal com, a més a més, ens portaria a barrejar-hi els conceptes de «mot genuí» i «barbarisme», que ara no ens interessen: més que des del punt de vista de la correcció idiomàtica, ara voldríem veure els fets de llengua des d'un angle purament lingüístic: el de la producció i l'anàlisi del fenomen anomenat calc. Per tal de centrar l'atenció a l'entorn d'allò més íntim, presentarem més dades de sons i de funcions (que, com hem dit, afecten l'estructura) que no pas de formes (que són mes aviat analògics de discurs). Tornem a dir que aportem unes apreciacions generals, fonamentades en la nostra pròpia observació dels fets durant una vintena d'anys, i que, precisament perquè són apreciacions generals, sabem que el parlar corrent de moltes persones no hi encaixa.

Quant als sons, molts catalans creuen de bona fe que llur domini de la pronunciació del castellà és ja un assumpte resolt si aconsegueixen de distingir amb cura la *s* de la *z*. Com és molt ben sabut, en català la *c* (davant *e, i*) i la *s* (sorda) tenen el mateix valor fonètic: *cel* es pronuncia *sel*; hi ha, doncs, identitat perfecta entre *cec* (cast. «ciego») i *séc* (cast. «pliegue»). Això explica que en castellà *z* (davant *a*, o *u*) tingui la *s* catalana com a corresponent: cast. *azufre* i cat. *sofre*. Per la mateixa raó el català ha adoptat amb *s* diversos castellanismes que tenien *z* a la llengua prestadora: *sambra* (del cast. *zambra*), *sarabanda* (del cast. *zarabanda*), i, encara, els cognoms castellans acabats en *-ez* són pronunciats amb *-s* en català: *López* (dit, en català, *Lópes*) (compareu-ho amb el genuí *Llopis*, etc.). Per tant, no és gens estrany que, en medis populars catalans, hom no distingeixi entre *s* i *z*, en parlar castellà, i digui: *el sielo assul* (en lloc de: *el cielo azul*). Nogensmenys, les persones d'una certa cultura aconsegueixen, després d'un aprenentatge curt, de distingir entre *s* i *z*, i aquesta distinció només els ofereix algunes dificultats quan les dues articulacions alternen reiteradament dins un grup fònic reduït: *esas ascensiones cesan a veces si ceden...*

Tanmateix, hi ha molts més punts, típicament diferencials, entre la pronunciació de les dues llengües. Un dels més remarcables és la pronunciació de la *l*, que té en català una ressonància velar forta (que la fa semblant a la de l'anglès), i que, incorporada per la majoria de catalans a llur pronunciació del castellà, tant enlletgeix la dicció que en resulta. Hem constatat diverses vegades que molts universitaris catalans no s'adonen de la diferència existent entre les dues modalitats de *l* (catalana i castellana), fins que estudien científicament la fonètica castellana. Com que els qui cursen estudis superiors de llengua són una minoria, àdhuc dins la Facultat de Filosofia i Lletres, i la immensa majoria d'estudiants segueixen altres carreres (universitàries, d'escoles especials, estudis tècnics, etc.), un hom comprèn per què la *l* velar és tan emprada per gent cultivada quan s'expressen en castellà. En aquest terreny, els mallorquins, en combinar la geminació de la consonant precedent amb la *l* velar, arriben a una articulació ben característica: *habblar*, que denuncia amb prou de claredat llur substrat lingüístic. Cal que recordem també les assimilacions entre consonants veïnes immediates, en català; un mot com *atlas*, que és pronunciat, en castellà, *adlas* (amb una *d* fricativa), acusa ben sovint, en la pronunciació castellana de catalans, l'assimilació típica de *tl* (que es pronuncia *l·l*), de manera que hom sent *al·las* (ni més ni menys que en el mateix català).

Però el calc entre sons és encara més fix quan les diferències més profundes dels dos sistemes són les que entren en joc. Per acabar els trets consonàntics amb un de medul·lar, destaquem que el castellà perdé, al llarg del segle XVI, les articulacions sonores de *s*, *z* i *j* (que es confongueren amb les sordes corresponents). El català segueix mantenint les correlacions fonemàtiques en tres parells de sorda i sonora, un d'ells el de *s*/*z*. Així, el català (com ho fa també, per exemple, el francès) sonoritza la *-s* final davant la vocal inicial del mot següent, en virtut del fenomen dit de la *liaison*. I això mateix fan els catalans en llur castellà parlat: *los árboles* (pronunciat, a la catalana, *lozárboles*), *los hombres* (pronunciat *lozómbres*), i àdhuc *deshacer* (pronunciat *dezacér*). Aquest és un tret molt difós dins el «castellà» dels catalans.

A propòsit de les sibilants, cal no oblidar que, com que en balear el contacte entre dues *ss* consecutives origina el so africat alveolar *ts* (o sigui: $s+s=ts$), els mallorquins segueixen aplicant aquesta llei de llur parlar autòcton, fins i tot quan parlen en castellà, i diuen: *son latsiete* (en lloc de *son las siete*), *lotsabios* (en lloc de *los sabios*).

En el vocalisme, tothom sap que el català posseeix un sistema triangular de quatre nivells, en el qual la *e* oberta (de *bec*, cast. «bebo») i la *e* tancada (de *bec*, castellà «pico»), i la *o* oberta (d'*os*, cast. «hueso») i la *o* tancada (d'*ós*, cast. «oso») són quatre fonemes diferents, enfront els dos únics fonemes castellans: la *e* (de *cena*) i la *o* (de *zona*), d'articulació mitjana. Conseqüència important d'això és que els catalans, en parlar castellà, obren massa les vocals intermèdies del castellà, i pronuncien la seva *e* normal com la *e* oberta del català, i, semblantment, la seva *o* normal com la *o* oberta del català, de manera que els mots castellans *vela, cera,* etc., són pronunciats amb *e* massa oberta, i *hora, olla,* etc., són pronunciats amb *o* massa oberta; això també és remarcat, sens dubte en la seva forma més evident, en alguns castellanismes del català actual: *no hi ha puesto* (en lloc del cast. *no hay sitio*), pronunciat amb *e* oberta (en català correcte fóra: *no hi ha lloc*) (bé que, ací, els universitaris, potser més conscients del castellanisme, pronuncien més tost *puesto* amb una *e* mitjana); l'exemple més característic d'això és el molt generalitzat *desde luego* (amb *e* oberta). Els catalans també apliquen llur sistema vocàlic inaccentuat a la pronunciació del castellà: les vocals àtones es redueixen, en el parlar barceloní (i de gran part del domini català) a tres sons: *œ, i, u.* No és estrany, doncs, que els catalans tendeixin a pronunciar el cast. *bola* com *bolœ,* o el cast. *duermo* com *duermu.*

No manquen trets estructurals al camp de les formes: hem sentit, per exemple, *las dientes* (pel castellà *los dientes*) (per analogia del gènere del mot en català, on és femení: *les dents*). Però allò que enregistrem al més sovint, a la morfologia, és l'oblit ocasional de la regla als verbs irregulars, que hom construeix com si fossin regulars (com fan els nens): *andaron* per *anduvieron* (al verb *andar,* com de *cantar* surt *cantaron*), *reducí* per *reduje* (al verb *reducir,* com de *lucir* surt *lucí,* etc.).

Tornem a trobar molts calcs d'estructura a la sintaxi. La majoria d'usos sintàctics són comuns a català i castellà, i, encara, a d'altres llengües romàniques. Però quan ambdues llengües difereixen, els catalans tendeixen a construir la frase castellana calcant mot per mot llurs maneres genuïnes catalanes. De l'abundor de dades que tenim recollides, en transcriurem alguns casos molt característics. Sobre el nom, el castellà empra els noms propis de persona, en general, sense article, en oposició al català, on l'article (*el, la,* o bé *en, na*; aquest darrer, en femení, avui queda, però, confinat a les Illes i a algunes contrades del nord de Catalunya) és el procediment normal de presentar els noms: *la Maria ha vingut*; i per això hom diu, en castellà: *la María ha venido.* Dins la sintaxi del nom i de l'adjectiu, el partitiu ha romàs amb més força en català; per això n'hi ha molts que diuen: *tengo tres de colorados pero de verdes sólo había uno* (en lloc de: *tengo tres colorados, pero verdes sólo había uno*), perquè pensen la frase en català, on és corrent i correcte de dir: *en tinc tres de vermells, però de verds només n'hi havia un.*

Del capítol dels pronoms, remarquem-ne l'extensió desmesurada que hom fa de l'ús del possessiu en lloc del pronom personal (no desconegut en castellà, però molt més habitual en català, on *davant teu, prop nostre, pintat meu,* etc., són molt corrents). Així hom diu: *delante tuyo* (per *delante de ti*), *cerca nuestro* (per *cerca de nosotros*), *pintado mío* (per *pintado por mí*).

L'ús anòmal de les preposicions castellanes en boca de catalans és molt general, i diversos tractadistes de llengua castellana se n'han fet ressò. En són la causa diverses confusions de les mateixes preposicions catalanes: *a* i *en* es confonen a vegades (i apareix la *n* antihiàtica del català parlat: *a n'ell,* pel correcte *a ell*), *amb* es pronuncia com *en* davant algunes consonants (*pa amb xocolata* és pronunciat *panxocolata,* com si fos *en xocolata*), i *per* i *per a* no es distingeixen en el llenguatge parlat, reduïdes ambdues a la primera. D'aquesta manera, com que la pronunciació de *pensar en tu* i de *pensar amb tu* (en algú altre) es confonen en *pensantú* (per raons fonètiques), els catalans diuen, molt sovint, *pensar contigo* quan haurien de dir *pensar en ti.* Aquí cal recordar que en valencià *amb* és pronunciat sempre *en,* i això fa que algú pugui dir: *en el presidente* (en lloc de: *con el presidente*). O recordem això altre, que hem sentit a Mallorca: *muchas gracias para todo* (pel castellà *por todo*). A propòsit de *per* i *per a,* no és debades que en territori de parla catalana hom veu més la vacil·lació entre *piso por alquilar* i *piso para alquilar*.

Passant ja als usos adverbials, la preposició *sense* admet en català un valor adverbial absolut: *m'he quedat sense* (per cert que, en aquests casos, el llenguatge popular prefereix de dir, perifràsticament, *amb sense*, que és pronunciat *ensense*; compareu el mateix matís en l'anglès *without*): conseqüència d'aquest ús de *sense* és que hom digui, parlant en castellà, però pensant en català: *me he quedado sin* (en lloc de completar la frase, tot dient: *sin ello*, o *sin billete*, o el que sigui, perquè, com és sabut, *sin* sempre és, en castellà, una preposició). L'adverbi *tampoc* no és suficient, en català, per a expressar la negació, i és seguit de *no*; llavors n'hi ha que diuen, en castellà, *tampoco no lo sé* (per *tampoco lo sé*), per tal com calquen la frase catalana *tampoc no ho sé*.

De diverses locucions, n'extraurem dos exemples: en català, *per això*, ultra el sentit general de conseqüència i il·lació (compartit pel castellà), pot tenir un valor adversatiu clar (sempre, però, que es trobi posposada): *ja t'ho podies pensar, per això* (que equival a *tanmateix, ja t'ho podies pensar*); doncs bé, és molt corrent de sentir: *ya te lo podías pensar, por eso* (a tort, car el castellà *por eso* només significa «així», «a causa» o «com a conseqüència d'això»). Un altre exemple: *més aviat*, ultra el seu significat temporal, en té un altre d'equivalent al francès *plutôt*, a l'anglès *rather* o a l'alemany *vielmehr*, que el castellà acostuma d'expressar mitjançant *más bien*; doncs bé, molts catalans, traduint literalment el sentit temporal, en fan un *más pronto* (amb la intenció de fer-lo igual al francès *plutôt* i a les altres equivalències indicades), en lloc del *más bien* que convindria.

Podríem adduir d'altres mostres: el mal ús que fan els catalans dels demostratius castellans (diuen *este*, *esta* quan caldria dir *ese, esa*; *aquí* quan s'hauria de dir *ahí*), dels verbs de moviment (*venir* quan s'ha de dir *ir*; *llevar* i *traer* molt sovint invertits), del futur (sobre tot els valencians, i també els mallorquins, en dir *cuando llegará* per *cuando llegue,* dins la subordinada temporal, perquè ells mantenen bé el futur del català clàssic), etc. Però creiem que, com a mostres, n'hi ha prou amb les que ja hem presentat.

Hem procurat de fer veure alguns casos ben característics. Els fets palesen, doncs, que, entre catalans cultes, el contacte entre català i castellà dóna com a resultat, no la fusió d'estructures, sinó llur superposició: el castellà forneix el sediment cultural, però, al dessota, el català (la llengua natural i espontània) pugna per emergir, i desfigura considerablement la forma (i, a través de la forma, àdhuc la funció) de la llengua en la qual el subjecte voldria expressar-se. En contacte constant amb dues estructures, no és rar que els catalans cultes no en posseeixin cap amb tota la perfecció. Conseqüència: no s'expressen amb comoditat ni amb naturalitat en català ni en castellà: o bé empren un català contaminat pel castellà, o bé un castellà estructurat en català. D'altres vegades, certament, el calc no es produeix: el subjecte parlant arriba a temps de vèncer la «forma espontània»; però com que el ritme del llenguatge no preveia l'escull, hom acusa una dilació sorprenent en el compàs de l'expressió: són les vacillacions simptomàtiques de què parlàvem abans. Aquestes vacillacions i els calcs (i els ambages que les unes i els altres impliquen) són la causa de la manca de naturalitat general esmentada. En conjunt, els millors arguments per a demostrar, si calia, que les dues parles en contacte són llengües veritables, i, bé que amb lligams íntims de parentiu, estructuralment diferents.

Kant [illegible] amb [illegible] estructura [illegible].

La lingüística catalana

I. *Cop d'ull a la primera meitat d'aquest segle*

L'interès que la lingüística romànica, tot just nascuda, sent per totes les llengües neollatines, arriba també, ben aviat, al català. Així veiem com el català és tractat a la gramàtica de les llengües romàniques de Friedrich Diez (de mitjan segle passat), o com A. Morel-Fatio i J. Saroïhandy escriuen un tractat de català dins una enciclopèdia de conjunt sobre romanística (apareguda a la fi de la centúria). D'aquesta manera, la metodologia de la nova ciència s'anava estenent, i, tot estenent-se, arribava també a casa nostra: n'és una bona prova el rigor científic a què aspiren els nostres Manuel Milà i Fontanals, ja el Pompeu Fabra de les seves publicacions primerenques, i d'altres (com Forteza, Nonell, etcètera).

D'altra banda, aquell interès de la romanística per totes les llengües de la família neollatina, i, entre elles, per la catalana, coincideix, a casa nostra, amb un dels punts més alts de tot un veritable procés de recuperacio espiritual del poble català. Un procés, certament, d'elaboració lenta, però, per això mateix, d'arrelament profund, els començos del qual havien estat marcats per l'esclat de la Renaixença, i que, en un ambient collectiu de tensió creixent, s'enllaça amb l'aparició de Verdaguer en el camp de les lletres. Diversos elements contribuïren a l'esmentada recuperació: la projecció romàntica devers el món medieval, que tan ric havia estat en la història i en la literatura del poble català; els estudis i les edicions de textos antics, o de textos populars posteriors; la restauració i el desenrotllament dels Jocs Florals de Barcelona, des de l'any 1859; l'aparició de grans figures en les lletres i en la cultura nostrades, com Rubió i Ors, Marià Aguiló, els Bofarull, Milà i Fontanals, i, d'una manera especial, Jacint Verdaguer, que fou premiat als Jocs de 1865; per fi, les primeres aspiracions autonomistes, ben sovint renoueres i estridents.

Els començos de la vida pública de mossèn Alcover són, encara, exponent del clima espiritual col·lectiu suara al·ludit, que abrandà l'ànima d'aquest mallorquí abnegat. Portat tostemps pel seu amor a la llengua vernacla, i sense fer cabal de l'escassesa dels seus coneixements de lingüística, publicà, l'any 1901, la famosa *Lletra de convit*, amb el programa complet i les instruccions precises per a realitzar un magne diccionari general i exhaustiu de la llengua catalana. Gràcies a l'eufòria de l'ambient, la iniciativa de mossèn Alcover va tenir tot seguit gran ressonància per tot el país, i així era escomesa, amb les característiques externes de qualsevol altra empresa únicament afectiva, una de les obres filològiques més altes de la nostra terra. L'«apòstol de la llengua catalana», que així fou anomenat tot seguit, féu un viatge rera l'altre per totes les contrades de llengua catalana, els uns de to científic, els altres de mera propaganda, establí una xarxa closa de col·laboradors-corresponsals, i per tal de mantenir la cohesió d'un organisme tan ramificat, i, al mateix temps, dotar l'obra amb un portaveu que tot seguit esdevingué indispensable, va fundar el «Bolletí del Diccionari de la Llengua Catalana». Aparegut pel desembre de 1901, aquest «Bolletí» va anar sortint més o menys regularment fins al volum XIV (1925); després d'un silenci de diversos anys (durant l'època de preparació més immediata del primer volum del *Diccionari*, del qual parlarem adés), el «Bolletí» reaparegué l'any 1933, i, amb el subtítol de «Revista de lingüística i folklore», seguí publicant-se fins l'any 1936. El «Bolletí» és el millor exemple de la inefable combinació del clima afectiu descrit amb un interès científic de lingüística, que s'aniria intensificant amb el temps. Però, de moment, el lector té la impressió que hom «jugava a fer un diccionari», i ho fan creure, sobretot. el to pintoresc de la fraseologia habitual de mossèn Alcover, la seva constant posició de polemista (resolta, tanmateix, en puerilitats) i la curiosa arbitrarietat amb què barrejava notícies intranscendents i informacions dialectals valuoses. N'és un exemple contundent la seva polèmica amb R. Menéndez Pidal (arran de l'article *Cataluña bilingüe*, d'aquest), contra el qual publicà les *Qüestions de llengua i literatura catalana*, amb 350 planes de la composició atapeïda del «Bolletí» (any 1903).

Per l'octubre de 1906, i com a culminació de l'excitació a favor de la llengua, va tenir lloc a Barcelona, com és sabut, el Primer Congrés Internacional de la Llengua Catalana (el volum d'actes i memòries aparegué el 1908), organitzat per mossèn Alcover, que fou el seu promotor, ànima i president general. El Congrés fou, encara, resultat de l'esmentada combinació d'amor a la llengua i aspiració a un treball científic. Com qualsevol altra tasca de recerca a Catalunya, des de la Renaixença, també aquella que, poc temps després, havia d'esdevenir una metodologia filològica rigorosa, naixia dins un medi en el qual les valors afectives predominaven. Recordem, tan sols, que una època que ignorava, en general, fins i tot el concepte de «filologia», va veure més de tres mil inscripcions en un congrés filològic, procedents de totes les terres de llengua catalana. Per a la immensa majoria dels inscrits, el Congrés tenia més de valor com a apologia i demostració de vitalitat de la llengua que com a inici del seu estudi científic. Als cercles lingüístics barcelonins dels darrers decennis, hom no acostuma de parlar del Congrés de 1906 sense un somriure irònic, tot al·ludint que metges i advocats i d'altres profans s'atrevissin a opinar i a votar en matèria de llengua, però nosaltres sempre hem cregut que un dels resultats més positius d'aquella assemblea fou l'atorgament previ de la confiança de tot el poble a allò que a partir d'aleshores fóra estructurat, la seva adhesió a l'aspecte més important de recuperació que havia omplert l'època immediata anterior. Nogensmenys, malgrat els tres mil congressistes, malgrat que fou la culminació d'una afectivitat intensa, i potser per això mateix, el Congrés va fer sentir el seu pes en el terreny científic, i, encara, féu possible l'orientació definitiva d'allò que havia d'ésser l'Institut d'Estudis Catalans (sobretot la seva Secció Filològica), un dels motius fundacionals del qual, i no pas el menys important, fou precisament el Congrés de 1906. En efecte, cal remarcar, en primer lloc, la presència al Congrés (o almenys l'adhesió) de grans romanistes estrangers com A. Morel-Fatio, J. Saroïhandy, A. Pagès, R. Foulché-Delbosc, J. Calmette, L. Barrau-Dihigo, A. R. Gonçalves Viana, P. E. Guarnerio, K. Nyrop, E. Vogel, K. Vollmöller, F. Holle i B. Schädel. En la comunicació d'aquest darrer al Congrés, és on hom exposa amb més claredat quina hauria d'ésser la comesa de la futura corporació científico-filològica del país (que havia de trobar forma amb l'Institut), i n'esbossa les línies generals d'actuació (estudis lingüístics, gramaticals i dialectològics, a base de treballs de recerca i de publicacions); ens sembla inútil de fer veure com, a grans trets, aquest programa correspon a la feina feta en tots aquests extrems. En segon lloc, remarquem l'alt to i la vàlua científica de bon nombre de les ponències exposades i discutides al Congrés, i també de les comunicacions que presentaren, tant els erudits esmentats com d'altres de catalans o de la resta de la Península. Finalment, des d'aleshores, el català compartí amb les altres llengües neollatines l'atenció de la romanística general, tingué delegats a les organitzacions internacionals de filologia i de lingüística, etc.

Després del Congrés de 1906, el «Bolletí» de Palma de Mallorca, sense abandonar mai el seu to festiu característic, va anar adquirint cada vegada més categoria científica, d'acord amb la millor preparació tècnica del mateix mossèn Alcover, que, així, s'orientava per a dur a terme l'obra de la seva vida: la publicació del diccionari general de la llengua i dels dialectes. La redacció definitiva dels articles fou començada l'any 1925, i dos anys després apareixien els primers fascicles de l'obra. D'aquesta manera el vell somni de mossèn Alcover anava esdevenint una realitat, i, bé que no al ritme que ell, i tothom, hauria desitjat, l'any 1930 quedava complet el primer volum. Mossèn Alcover morí l'any 1932, però la continuació de l'obra restava assegurada amb F. de B. Moll, el seu fidel col·laborador. La guerra civil interrompé la publicació del diccionari cap a la meitat del tercer volum. Anys després, F. de B. Moll reprenia la tasca (el tercer volum quedava completat el 1949), ajudat ara per Manuel Sanchis Guarner. Gràcies a un augment notable del nombre de subscriptors, la publicació es pogué fer a un ritme més accelerat, i l'any 1962 hom arribava a la terminació del volum desè i darrer del gloriós diccionari. Aquesta obra, sota el títol de *Diccionari català-valencià-balear*, respon al concepte de diccionari filològic, per tal com recull exhaustivament totes les manifestacions lexicològiques del domini català (en l'espai, en el temps i en la categoria social i cultural dels parlants), per l'estudi etimològic de tots els seus vocables, i, encara, per algunes altres característiques tècniques.

L'Institut d'Estudis Catalans fou fundat l'any 1907 per Enric Prat de la Riba, president de la Diputació de Barcelona, amb la finalitat d'operar sobre «la investigació científica superior de tots els elements de la cultura catalana». De moment fou organitzat com a institució d'història i d'arqueologia, però, uns anys més tard (1911), i amb el fi de correspondre amb més exactitud al dictat fundacional, l'Institut quedava estructurat en tres seccions: Històrico-arqueològica, de Ciències i Filològica. L'Institut representa l'eliminació de l'aspecte afectiu popular en aquella combinació d'elements cordials i científics que assenyalàvem abans, i provoca la formació d'un clima de treball objectiu, rigorós metodològicament i de grans ambicions en l'obra empresa i en les magnífiques publicacions que dóna a llum. Endemés, l'organització corporativa de la ciència ha duplicat, en molts casos, la seva eficàcia i ha facilitat la compenetració entre els investigadors catalans; per això hom ha pogut parlar ja de l'«escola de l'Institut» en diverses especialitats científiques, en les quals aquest títol és una garantia de solidesa.

La primera activitat de la Secció Filològica fou de resoldre el problema ortogràfic mitjançant la promulgació de les *Normes ortogràfiques*, l'any 1913. Aquest problema havia esdevingut realment greu: hom mesclava grafies acceptables amb d'altres de medievals, fossilitzades a l'època de la decadència, amb d'altres d'imitació castellanitzant, etc. Cal dir, encara, que els primers intents de reforma ortogràfica, ja feia temps, havien provocat un estat de confusió veritable: Bofarull, Blanch, Milà i Fontanals, i Balari i Jovany representaven orientacions divergents quant a la reforma ortogràfica, i aquestes orientacions divergents portaren el català a una anarquia absoluta, que encara durava a començos de segle. Aquesta situació no podia continuar; sense la fixació de la llengua escrita, no podien ésser efectius ni el seu ensenyament ni la seva difusió, en un mot, cap aspiració no podia trobar acompliment en el terreny de la cultura. Creat l'Institut, i presa per ell la decisió de llançar diverses publicacions científiques que aviat s'escamparien pels medis erudits de tot el món, la necessitat d'establir una ortografia uniforme fou més palesa encara. El problema, ja en si mateix, no era pas fàcil, i menys encara perquè hom havia de sacrificar, per força, posicions que havien estat mantingudes fins i tot amb passió. Però calia arribar a la solució: la solució fou obtinguda amb les *Normes* de 1913. La promulgació de la nova ortografia que, malgrat la seva lògica incontrovertible, no deixava de contenir alguns punts radicals i atrevits, amb poca tradició en la llengua, provocà una gran excitació, sobretot entre els erudits, però que afectà també l'ambient popular. Era un problema tan candent, tantes vegades els millors esforços havien estat debades per intemperància de gairebé tothom, que hom passà de l'excitació a la polèmica (amb articles, manifestacions, conferències), i així nasqué l'«antinormisme». Aquest fou defensat, no sempre sense raons, per figures destacades de les lletres catalanes, com Ramon Miquel i Planas, Alfons Par, Francesc Carreras Candi, Jaume Collell, Francesc Matheu i d'altres, bé que no hi havia, tampoc ara, unitat de criteri entre ells. Mossèn Alcover, que de moment havia acceptat i defensat la reforma ortogràfica, l'abandonà i la combaté després de la seva separació de l'Institut: per això el seu diccionari va començar de publicar-se amb ortografia antinormista; després, F. de B. Moll l'ha rectificada, tot retornant a la preceptiva vigent. Nogensmenys, renascuda la calma que el temps s'encarrega de sedimentar pertot, la veritat és que l'«antinormisme» fou, com a clima, nul, i sols fou mantingut personalment en determinats casos, que no pesaven gens en el conjunt. Al contrari, si pensem en l'esmentada anarquia dels temps de la Renaixença i posteriors, i en la satisfacció amb què hom havia arribat a acceptar el desgavell ortogràfic, ens sorprèn ben agradablement de constatar l'esperit de disciplina i de col·laboració que mogué escriptors, filòlegs i el poble culte: en adoptar tots ells immediatament l'ortografia de l'Institut; aquesta quedava sancionada, és cert, per l'organisme que la promulgava, però al mateix temps era acceptada i universalitzada pel plebiscit amb què fou acollida pertot: el català tenia, per fi, la seva ortografia. I l'ortografia era, en aquest cas, com és altrament habitual arreu, el primer pas cap a l'establiment d'una veritable llengua, capaç de la gamma més completa d'expressions.

L'obra de l'Institut en els terrenys filològic, lingüístic i gramatical ha estat múltiple, i aquesta multiplicitat s'explica tant per la necessitat d'atendre diverses finalitats al mateix temps, com per la diversitat de les persones que hi han treballat. Procurarem d'anar fent veure, d'una manera breu i resumida, alguns aspectes de la tasca realitzada i qui l'ha duta a terme. Mossèn Alcover fou president de la Secció Filològica des que fou establerta (1911) fins que en va quedar separat amb violència (1917); durant aquests anys va anar continuant, en el si de la corporació, la tasca de replega de materials per al *Diccionari*, que era la «seva» feina, dins o fora de l'Institut. Mentre hi fou, i malgrat grans diferències d'ideologia, de tarannà i de mètode, col·laborà amb el grup de l'Institut, especialment amb Pompeu Fabra (i Pere Barnils, Antoni Griera y Manuel de Montoliu). El nom de mossèn Griera es troba lligat a moltes publicacions lingüístiques de l'Institut, partint ja del «Butlletí de Dialectologia Catalana» (1913-1936), dirigit per ell durant llargs anys (1917-1930); en aquesta revista aparegué un gran nombre de monografies dialectals, vocabularis especialitzats, estudis etimològics, etc. També cal recordar l'*Atlas lingüístic de Catalunya*, del mateix mossèn Griera: fou començat de publicar l'any 1923, el 1936 hom n'havia publicats quatre volums, i el cinquè es trobava en curs d'impressió. Però amb la revolució d'aquell any el manuscrit de la resta de l'obra desaparegué, i l'atlas quedà inconclús. Darrerament l'autor n'ha preparat una continuació, mitjançant noves enquestes dialectals a càrrec d'un explorador ensinistrat per ell i damunt un qüestionari reduït.

Però l'Institut, ultra les tasques d'erudició que, certament, són les que emplenen la major part de l'ocupació d'una acadèmia científica, tenia una altra comesa d'urgència més gran: fer del català un instrument d'expressió universal (cosa que encara no era una realitat). Com ja ho hem dit abans, la promulgació de l'ortografia (1913) era un pas importantíssim, sens dubte, però era un primer pas: calia emprendre la depuració i la fixació de la llengua literària moderna, la codificació de la gramàtica, l'establiment del lèxic correcte i la universalització d'aquesta tasca (en els terrenys escolar, institucional, periodístic, d'alta cultura, etc.). Aquesta fou la gran obra de Pompeu Fabra i dels qui el secundaren, però tots aquests quedaren marcats, per dir-ho així, per la personalitat d'aquell. Si algú pensava que Fabra era un gramàtic, no tindria una idea gaire exacta de la seva obra. Fabra fou, és clar, un gran gramàtic. Però els seus articles i els seus cursos universitaris palesen la seva gran preparació en lingüística romànica, com ho ha fet veure Joan Coromines. Si Fabra anteposà allò que de fet fou la seva obra a tota altra activitat més exclusivament científica, fou perquè tenia clara consciència de la urgència de capacitar el català per a qualsevol tipus d'expressió idiomàtica. D'altra banda, aquesta era la seva orientació des de ben jove: després de diverses publicacions gramaticals primerenques, llançà, l'any 1912, la *Gramática de la lengua catalana,* de gran valor lingüístic, tant aleshores com ara. Integrat dins l'Institut, on intervingué activíssimament en l'elaboració de les *Normes ortogràfiques* (1913), arribà aviat a la presidència de la Secció Filològica i a la direcció de les oficines lexicogràfiques (on hom preparava el diccionari de la corporació).

Dins l'orientació de què parlem, és natural que, quan l'Institut emprengué la Biblioteca Filològica, hi donés sortida a llibres fonamentals per a la gran obra de redreçament de la llengua (al costat de diversos volums que, tot i ésser importants, no sobrepassaven l'interès de les obres erudites). Així hi trobem els vuit volums del *Diccionari Aguiló* (1915-1934), edició preparada per Pompeu Fabra i Manuel de Montoliu. També hi ha el *Diccionari ortogràfic* (1a. ed., 1917) i la *Gramàtica catalana* (1a. ed., 1918), ambdues obres de Fabra, reeditades després diverses vegades. Insinuàvem, suara, que hi havia unes oficines lexicogràfiques per a la confecció del *Diccionari* de l'Institut. Aquest era un dels grans projectes de Pompeu Fabra, i, amb ell, de tot l'Institut; tanmateix, no sortí mai de l'etapa preparatòria. El diccionari era concebut simultàniament com a normatiu i com a exhaustiu, i hauria estat presentat, de segur, en dues llistes alfabètiques diferents, la primera amb els vocables admesos de la llengua comuna, i la segona amb el cabal lexicològic de tots aquells mots que un dia o altre han tingut existència en la llengua, amb les referències textuals corresponents. Nogensmenys, avui tenim ambdós aspectes bastant ben resolts: el primer, amb el *Diccionari general de la llengua catalana,* de Pompeu Fabra (Barcelona 1932), al qual hom ha donat, de fet, caràcter normatiu, de manera que la no inclusió d'un mot en aquest diccionari és interpretada en el sentit que el tal mot no té, almenys fins ara, categoria literària. El segon aspecte ha estat resolt, sobretot, amb els materials abundosos del *Diccionari català-valencià-balear* d'Alcover i Moll (ja esmentat), i, també, amb el *Tresor de la llengua, de les tradicions i de la cultura popular* d'A. Griera. Voldríem remarcar la importància del *Diccionari general* de Fabra. Presentat pel seu autor com un avanç del futur recull lexicogràfic de l'Institut, en cap moment una redacció vacil·lant o precipitada no s'hi traslllueix; ben al contrari, per la precisió de les definicions i per la utilitat dels exemples adduïts, l'obra palesa una gran maduresa, que l'havia de fer clàssica molt poc temps després de la seva aparició. El valor intrínsec del diccionari de Fabra és més manifest, encara, si el comparem (quant a les definicions científiques, per exemple) amb llibres paral·lels d'altres llengües que viuen ben a prop nostre i que tenen una tradició de moltes edicions. Esgotat molt aviat, el *Diccionari general* pogué reaparèixer l'any 1954 (i darrerament hom n'ha fet, encara, una reimpressió), revisat, des d'un punt de vista tècnic, per R. Aramon i Serra. Ultra la reproducció de gran part del pròleg de Pompeu Fabra a la primera edició, la de 1954 conté un nou pròleg, escrit per Carles Riba. Hom hi ha vist una nota de serenor enmig de la desorientació creada per les circumstàncies actuals, i ha comprès com la disciplina és, en matèria idiomàtica, la millor forja d'escriptors. Aprofitem aquesta al·lusió per a recordar com Riba esdevingué, en els darrers anys de la seva vida, cada vegada més preocupat pels problemes de la llengua, i el seu pròleg al diccionari de Fabra n'és una bona prova.

L'Institut ha procurat de superar les dificultats que han anat pertorbant la seva acció en els darrers anys, unides a aquelles altres que es troben sempre al llarg de la vida de les corporacions: la dispersió d'alguns dels seus membres a la terminació de la guerra civil, l'apartament d'altres de llurs activitats habituals, la mort que, implacable, a vegades sembla rabejar-se amb institucions assotades per tots els vents. A poc a poc, però amb passa ferma, l'Institut ha anat acoblant esforços i omplint buits. Més encara: conscient de la seva responsabilitat davant la cultura catalana, s'ha proposat de difondre els seus determinis en matèria de llengua mitjançant fulls impresos, i ha augmentat el nombre dels seus premis, convocats regularment cada any i destinats a estimular l'activitat dels estudiosos en el camp dels treballs de recerca. També cal que esmentem la publicació dels «Estudis Romànics», a cura de Ramon Aramon i Serra (des del 1947-1948), que recull gran part de les aportacions de l'escola de l'Institut i és, al mateix temps, tribuna oberta a tots els estudiosos forans en el terreny de la lingüística, la filologia i la literatura romàniques. Un altre problema, tradicional en el si de la Secció Filològica, és la combinació, dins el comú denominador d'«homes de lletres», dels creadors d'obra literària i els estudiosos de llengua i literatura. En aquest aspecte, com en d'altres, l'interès de l'Institut ha estat de comptar tothora amb un equilibri constructiu entre ambdós vessants.

Les edicions de textos catalans medievals adquiriren, tot seguit (ja a la fi de la dinovena centúria), una importància especial. La nostra literatura antiga havia estat estudiada d'una manera imperfecta, per manca d'edicions o perquè hom comptava només amb edicions molt defectuoses. Convençuts d'aquesta necessitat, diversos erudits emprengueren, per iniciativa personal o en el si d'algunes corporacions, la tasca de publicar sistemàticament els vells textos, segons una metodologia cada cop més exigent. Ramon Aramon i Serra n'ha estudiat les vicissituds, els progressos i els resultats. Diguem ací, només, que aquesta obra ingent ha estat duta a terme, entre altres, per la Reial Acadèmia de Bones Lletres de Barcelona, la «Biblioteca Catalana» de Marià Aguiló, la «Biblioteca Clàssica Catalana», les *Obres* de Ramon Llull (editades a Mallorca), les dues col·leccions (l'erudita i la popular) de Ramon Miquel i Planas, etc. L'Institut féu també la seva aportació a les edicions de textos lingüístics i literaris, i a traduccions de grans obres de la literatura universal, i per influència seva, hom va organitzar la millor col·lecció de textos catalans, que ja és, fa temps, la més completa: «Els Nostres Clàssics».

Representants dels diferents països catalans concorregueren al Congrés de 1906; en l'organització de corresponsals del «Bolletí» de Palma de Mallorca, i de l'«Obra del Diccionari», mossèn Alcover havia confederat també col·laboradors de totes les terres de llengua catalana. Des d'aleshores enregistrem una variada labor lingüística i filològica a València, a Mallorca i al Rosselló, bé que bon xic irregular quant al seu valor científic. Malgrat algunes reticències, que cal explicar tant pel criteri lingüístic unitari aplicat per l'Institut com per la rica personalitat de regions com València i Mallorca, aquesta labor científica (estudis lingüístics, dialectals, etimològics, lexicològics; edicions de textos; revistes científiques, etc.) apareix gairebé sempre en relació amb Barcelona. Els lligams científics entre els lingüistes i els filòlegs catalans de tot el domini, cada vegada més intensos, culminaren amb la col·laboració de valencians i mallorquins a diverses empreses realitzades a Barcelona (com l'Oficina Romànica de Lingüística i Literatura), i amb llur adopció de les normes ortogràfiques de l'Institut fa més de trenta anys, amb lleugeres adaptacions a les modalitats lingüístiques de València i Mallorca. Darrerament, i seguint la mateixa corba, l'Institut ha incorporat al seu si Manuel Sanchis Guarner (valencià) i Francesc de B. Moll (balear), amb la qual cosa la nostra Acadèmia posseeix un veritable caràcter pancatalà.

L'atenció que la lingüística catalana havia merescut dels romanistes europeus, ja arran del Congrés de 1906, assenyalava als hispanistes forans el camí cap a la investigació del català. A partir d'aleshores els romanistes dedicats als temes catalans han estat nombrosos: deixant a part els precedents (Friedrich Diez, A. Mussafia, Paul Meyer, A. Morel-Fatio), Bernhard Schädel és el primer romanista estranger que s'especialitza en lingüística i dialectologia catalanes. El segueix, molt aviat,

W. Meyer-Lübke, el qual, ultra les seves obres generals de romanística, amb referències obligades al català, escriu un llibre, *Das Katalanische* (Heidelberg, 1925), sobre la filiació del català dins la Romània. Recordem, encara, Leo Spitzer, Fritz Krüger, Pierre Fouché, Max L. Wagner, H. Kuen, Paul Aebischer, Arnald Steiger, P. Guarnerio, P. Rokseth, O. J. Tallgren, Gerhard Rohlfs, W. Giese, F. Schürr, Jean Séguy, Joseph M. Piel, Kurt Baldinger, i molts d'altres de les generacions més recents, que no esmentarem amb detall. No podríem oblidar, tampoc, els treballs dels lingüistes i filòlegs espanyols no catalans, com són els de Ramón Menéndez Pidal, Amado Alonso i d'altres.

Però no hi ha hagut solament un moviment de la romanística i de l'hispanisme internacional devers la lingüística catalana. Hi ha també un camí en sentit oposat, pel qual el català, des del Congrés de 1906, ha vist universalitzada la seva problemàtica en el conjunt de la Romània lingüística. Ja en temps de la vella Société de Dialectologie Romane, de Schädel (desapareguda en començar la guerra europea de 1914-1918), el català hi era representat per mossèn Alcover. Així començava una difusió que, després, no ha fet més que créixer per la col·laboració dels catalans a les revistes de filologia romànica, per llurs contactes personals i per llur assistència a congressos i a reunions científiques. En aquesta obra de propagació hem d'esmentar els noms de mossèn Alcover, mossèn A. Griera, Joan Coromines i R. Aramon i Serra: el primer, amb el seu *Diccionari*, els seus viatges i les seves relacions personals; el segon, amb les seves intervencions en revistes i congressos, i les seves nombroses publicacions en català; el tercer, per la solidesa dels seus treballs i el seu coneixement profund de les llengües romàniques i la problemàtica que se'n desprèn, i el quart, per la seva intervenció en el món acadèmic internacional, així com per les seves relacions pertot, tots quatre han pregonat, d'una manera o altra, la llengua i la cultura catalanes en els medis de la romanística.

Gairebé cinquanta anys després del Congrés de mossèn Alcover, Barcelona fou, l'any 1953, la seu del VII Congrés Internacional de Lingüística Romànica, i primer tingut a la Península Ibèrica. Novament, els treballs dels romanistes es concentraren, en gran part, entorn del domini lingüístic català. Una altra dada d'interès: després d'uns quants anys de no ressonar-hi, la llengua catalana tornà a sentir-se a la Universitat de Barcelona com a vehicle d'exposició de ponències i comunicacions i de discussió científica. Ultra això, més de dos terços dels treballs exposats al Congrés (en conjunt, una setantena) feien referència al català (en llengües diverses, és clar, però en bona part en la mateixa llengua catalana), i així es pot veure en els dos volums d'Actes i Memòries del Congrés, que consten d'un miler de planes.

Aquest segon Congrés, vist ja amb una certa perspectiva, ens invita a caracteritzar un període important de la ciència catalana. Creiem que hi podem distingir tres èpoques. *a*) La primera (1901-1912) és d'eufòria, com a culminació del llarg procés de recuperació espiritual, esmentat abans; són anys d'intensa vibració espiritual col·lectiva, i hom fa més apologia de la llengua que no investigació lingüística: convocat un congrés, s'hi inscriuen tres mil catalans. És, doncs, la mateixa recuperació del poble entusiasmat, és essencialment una tasca que mira cap endins, i que no es preocupa pas de projectar-se enfora, si bé alguna cosa es fa en aquest darrer sentit, com a conseqüència obligada d'un moviment tan exaltat. Un nom retrata l'època: mossèn Alcover, «estudi amb entusiasme». *b*) La segona època (1913-1936) comença amb els primers intents de sistematització científica de tot allò que hi havia de positiu per sota l'eufòria típica de l'època anterior: són els anys dels primers pensionats per a estudiar filologia romànica a les universitats estrangeres, de la fundació de l'Institut d'Estudis Catalans i de la unificació ortogràfica i gramatical. Hom lluita amb eficàcia per adaptar les metodologies de la romanística a la llengua catalana: el català i la seva problemàtica lingüística esdevenen universals i atreuen l'atenció dels grans romanistes. Un altre nom és ara exponent de l'època: Pompeu Fabra, «estudi amb ciència». *c*) Les generacions actuals (des de 1939) es caracteritzen per una aspiració al treball científic de gran rigor metodològic. Abrandades pel mateix amor a la llengua i a l'esperit de la terra que movia els nostres homes de fa seixanta anys, se senten responsables d'una doble herència més immediata: l'actuació a favor de la llengua com a verb del poble, i l'estructura científica dels estudis lingüístics, filològics i gramaticals. Circumstàncies externes han provocat que, ben sovint, les recerques sobre català siguin fetes simultàniament amb les d'altres llengües romàniques, la qual cosa ha portat a una mena de comparatisme des del català, que sols ha de beneficiar els nostres estudis específics. També és típic de l'època actual el desig de trobar la fórmula d'equilibri entre les tendències del parlar corrent i la més pura tradició idiomàtica.

Seixanta anys de preocupació per la llengua deixen una bona estela. És, a més, una estela que assenyala el nord: les generacions que vindran diran fins a quin punt els homes d'avui haurem sabut ésser fidels a allò que el nostre bé comú, la llengua catalana, demana i espera de nosaltres.

II. *El Diccionari d'Alcover i Moll*

Abans d'obrir-ne cap volum, i pensant en les fites cabdals que assenyalen la història del *Diccionari*, potser no fóra inútil de reflexionar uns moments sobre l'empresa, sobre l'«Obra del Diccionari», i de treure'n alguna lliçó. D'antuvi, la continuïtat. Els catalans no ens distingim pas massa per aquesta característica. I, tanmateix, és ben just que la reconeguem en el cas del *Diccionari*, la publicació del qual s'acaba poc després de complir-se els seixanta anys de la crida de mossèn Alcover. Una obra que començà d'ésser publicada després de vint-i-cinc anys de treballs preparatoris, i que ha estat en curs de publicació durant més de trenta-cinc, però que, per fi, arriba a port, mereix tots els respectes; la nostra adhesió és més plena encara, per tal com el *Diccionari* no arriba a terme d'una manera vergonyant (com ocorre ben sovint, amb moltes obres que, a la fi, s'acaben per compromís), sinó amb el cap ben alt. Precisament l'observador més superficial no deixarà de veure, si compara el text dels dos primers volums i mig amb el de qualsevol dels altres, com n'han estat millorats el to, la presentació i el contingut. Prou que se n'adonen Moll i els seus col·laboradors, en preparar la refosa d'aquests primers volums, exhaurits des de fa anys. I diem això, sobretot, perquè la lliçó de continuïtat ens duu a una altra lliçó: la de superació. Deixant de banda la menció d'altres ensenyaments (com foren generositat, sacrifici, esperit de renúncia, i d'altres), voldríem fer una petita glossa de l'afany de superació en el *Diccionari*. I abans, encara, en el mateix mossèn Alcover. Aquest tenia un tarannà que s'adeia més amb l'organització, la polèmica i l'acabdillament que no pas amb la reflexió i la quietud de l'elaboració científica. Demés, la seva figura apareix en una època, el tombant de segle, de vibració intensa, encesa per la consciència del recobrament col·lectiu del nostre poble. És l'època de l'entusiasme ingenu. La lletra de convit, adreçada per mossèn Alcover a tots els qui estimaven la llengua de la terra, i en la qual donava instruccions per a col·laborar a la replega de material lexicològic, fa l'efecte, almenys llegida avui, que hom «jugava a fer un diccionari». El punt culminant del renou fou el Primer Congrés Internacional de la Llengua Catalana (octubre de 1906). Aleshores mossèn Alcover, en un gran esforç de voluntat (ja no era un estudiant) se sotmeté a una disciplina fèrria, que li havia de permetre d'assimilar la metodologia de la lingüística romànica, i, per tant, l'havia de capacitar per a la seva aportació remarcable als estudis de llengua catalana. Dos fets per a meditar: l'«Obra del Diccionari», nascuda en un clima d'afectivitat, havia sabut recollir aspiracions de tothom i de tot arreu; l'«apòstol de la llengua catalana» recorria el país en totes direccions, i feia popular l'empresa. Dues característiques que no hauria estat possible de trobar en un diccionari organitzat d'una manera més «normal» (més com es fa pertot). Per això parlàvem d'afany de superació, ara ja aplicat al *Diccionari*: els materials tramesos pels més entusiastes (els col·laboradors «de poca son», en la terminologia pintoresca i estimulant de mossèn Alcover), que no eren forçosament els qui més sabien de lexicologia, hagueren d'ésser «colats» científicament. Aquest és el gran valor, alhora humà i científic, del *Diccionari*. I, com dèiem suara, l'esforç per aconseguir un veritable to és palès fins i tot després de començada la publicació dels seus volums.

Però ja és hora d'obrir el *Diccionari*. El contingut de l'obra és conseqüència de la seva concepció inicial dins l'època de l'entusiasme. Avui veiem quelcom de quimèric en aquell desig i en aquella empenta d'endur-s'ho tot. Tot: heus aquí el mot. Mossèn Alcover ideà el *Diccionari* com un recull exhaustiu de totes les manifestacions de la llengua catalana: antiga i moderna, comuna i dialectal, general i professional, correcta i viciosa, literària i familiar, els mots aïllats i les locucions, i sinònims i derivats. Afegim-hi una informació copiosa de caràcter folklòric i etnològic: jocs d'infants, danses populars, festes tradicionals i costums, endevinalles i supersticions, i dites i refranys. Afegim-hi, encara, un bon nombre de noms propis (de lloc i de persona). Aquesta massa ingent de dades és classificada per accepcions i subaccepcions (jerarquitzades més segons l'estructura del vocabulari que no pas segons la cronologia de llur aparició històrica); hom hi dóna l'equivalència castellana per a cada accepció, la notació fonètica de la pronunciació segons els dialectes, algunes precisions d'índole gramatical, i, sobretot, l'estudi de l'etimologia (simplement la indicació de l'ètim, si aquest és evident, o bé la hipòtesi de l'origen més versemblant i la discussió d'altres propostes d'etimologia, tot raonant per què hom s'inclina a admetre'n una de determinada). Repetim-ho: mossèn Alcover volgué fer un diccionari de *totes* les modalitats del català.

La magnitud de l'esforç, l'oportunitat de l'empresa i l'encert de la seva realització foren reconeguts tot seguit en els medis científics internacionals. Dissortadament, per una manca de concòrdia que ocorre ben sovint entre nosaltres, l'únic lloc on el *Diccionari* topà amb el buit, i àdhuc amb una oposició declarada, fou precisament a casa nostra. Per sort, aquesta actitud fou superada aviat, i fa anys que el Diccionari té l'acceptació i la simpatia de tothom. Però l'acolliment de les revistes de romanística fou del tot favorable, ja des de l'inici: diverses etimologies foren discutides (per Leo Spitzer, entre altres); alguns trobaven els autors massa poc originals en matèria d'etimologia (com Walther von Wartburg), però tothom se situava en un pla de diàleg que acceptava l'obra. Fins els lingüistes més exigents i més bons coneixedors del català (com Joan Coromines) no han regatejat elogis al *Diccionari* i a la seva utilitat. Certament, un examen més aprofundit de les fonts (escrites, i enquestes del parlar viu, com també del camp etnològic, etc.) augmentarà les dades que ara conté; però aquesta tasca de complement serà feta, durant molts anys, tractant el *Diccionari* com a punt de partença. I aquesta asseveració en referma la importància.

No és fàcil de trobar paral·lels del *Diccionari* d'Alcover i Moll. La primera impressió és que ho són diverses obres de dialectologia suïssa (els diccionaris de la Suïssa francesa, de la llengua rètica i de la Suïssa italiana). Hi ha, en efecte, bona part de coincidència entre aquelles empreses i la del *Diccionari* català. Però si la coincidència no és més gran és precisament pel caràcter exhaustiu de l'obra d'Alcover. Com dèiem, els diccionaris suïssos esmentats són fonamentalment dialectals; també és dialectal el d'Alcover, però, al mateix temps, és moltes coses més. I, com que un diccionari així no és el més corrent, per això no és fàcil de trobar-li paral·lels. En general, un diccionari respon a una finalitat. Però l'Alcover-Moll, com digué Wartburg en 1939, un xic espantat, és una unió de tres diccionaris! Aquest romanista, especialista eminent en el camp del francès i del provençal i, per això mateix, acostumat a la bibliografia gal·lo-romànica, s'inclinava més tost al criteri que aleshores predominava a Barcelona (semblant al del francès). Tant per la manera com el lèxic havia d'ésser tractat en cadascun d'ells, com per la diversitat de finalitats, era preferible d'organitzar tres diccionaris diferents: el normatiu, el de la llengua antiga, i el dels dialectes i la llengua viva. Sens dubte, Wartburg tenia raó: aquesta conjunció de tres diccionaris resultava quimèrica o poc justificada. I encara es quedava curt: no eren tres diccionaris els que hom volia encabir dins un de sol, sinó quatre o potser més. Per les notícies que tenim de l'*Onomasticon Cataloniae*, de Joan Coromines (replega dels noms propis de les terres catalanes, que consta ja d'una quantitat fabulosa de materials), podem imaginar les proporcions que tindrà un repertori així, que mossèn Alcover, una mica ingènuament, somià de fer cabre dins el seu *Diccionari*. I el mateix podríem dir dels fons etnològic i folklòric.

Però això, que, realment, era un defecte en el terreny teòric, ha resultat un gran benefici: el *Diccionari* barreja, és cert, les dades dels tres diccionaris en un sol ordre alfabètic comú. I això és de mal fondre. Però, bé que barrejats els continguts, tenim almenys els tres diccionaris. La poca seguretat de les nostres institucions, no pas per manca de vitalitat interna, sinó per l'acció de factors exteriors, explica que, d'aquells projectes dels lingüistes i filòlegs de Barcelona, només un, el *Diccionari general* de Pompeu Fabra (1932; 2.ª ed., 1954), s'hagi convertit en realitat. Els altres dos han tingut algunes derivacions parcials, més o menys afortunades, però el gran diccionari de l'Institut no ha pogut ésser elaborat. ¿Com no hauríem de felicitar-nos, doncs, de l'agosarada fusió dels tres diccionaris en el de mossèn Alcover? Nogensmenys, voldríem fer-hi una reserva. El perill que la mescla en un sol ordre alfabètic representa per a la unitat i la puresa del català: el fet que el mot correcte alterni, pels capricis de l'ordenació de lletres, amb barbarismes i formes antigues o locals, ens sembla molt pertorbador, sobretot en èpoques en què disposem de pocs mitjans per a l'ensenyament i la difusió de la llengua. La popularitat, altrament venturosa, que ha aconseguit el *Diccionari*, fa més greu el problema (per tal com un criteri sols acceptable en una obra per a erudits, és aplicat a una obra que ha esdevingut popularíssima). ¿Fóra molt difícil, en la refosa anunciada dels primers volums, ara esgotats, d'assenyalar, fos com fos, els mots que consten al *Diccionari general* de Fabra? Creiem que la llengua catalana en sortiria molt beneficiada. Així com F. de B. Moll retornà a l'ortografia de l'Institut, en el transcurs de l'edició del *Diccionari*, per raons d'unitat, la reforma que ens permetem de suggerir, molt menys important per cert, constituiria un pas més en el mateix camí.

D'altres defectes que algú havia assenyalat, no ho són pràcticament. Al contrari. Per exemple: el caràcter exhaustiu del *Diccionari* l'ha obligat a inserir «mots fantasmes», que no existeixen en català, però que es troben en determinats diccionaris (que a vegades inventen). Mentre hom faci constar l'origen espuri de tals mots, no hi veiem inconvenients: més aviat pot ésser útil que llurs títols falsos quedin denunciats així. En canvi, considerem més greu el retret que es pot fer al títol de *Diccionari català-valencià-balear*. Certament, el nom no fa la cosa. Benvingut, doncs, el *Diccionari*, sigui quin sigui el seu encapçalament. Però en aquest cas, el nom, si no fa la cosa, revela un problema de consciència idiomàtica col·lectiva. Sabem molt bé què pensava mossèn Alcover i què pensen Moll i els seus col·laboradors sobre això (aquell ho manifestà en un article publicat al «Bolletí» de Palma, que ell batejà i publicà, durant trenta anys, amb el títol de «Bolletí del Diccionari de la Llengua Catalana»; Moll també n'ha parlat en diverses publicacions). Però també sabem que, arribat el moment (i per raons que ultrapassaven l'esmentada consciència idiomàtica col·lectiva), mossèn Alcover sucumbí a la temptació d'un títol inadequat. L'examen d'aquest aspecte ens portaria, però, massa lluny. Hem de tornar a parlar de l'obra; no del títol.

En pocs mots, ja. El *Diccionari* d'Alcover i Moll és un dels més grans monuments a la llengua catalana dels nostres temps. El trobem a tots els centres de romanística (seminaris i biblioteques) de qualsevol país. És indispensable per a l'erudit que es dedica a llengua i a literatura catalanes en el sentit més ampli d'aquests conceptes. També ho és per a l'escriptor en general. Ho ha esdevingut per a l'home de cultura mitjana, que tant s'interessa, al nostre país, per la seva llengua. I així és com el *Diccionari* és, avui, un dels fets culturals més coneguts a casa nostra, en tota l'escala social, i tant a les grans ciutats com a les comarques rurals. Amb aquesta difusió, que data sobretot dels darrers quinze anys, l'«Obra del Diccionari» s'ha convertit en un nou lligam espiritual entre totes les terres de llengua catalana. L'exposició circulant, les conferències i les excursions dels secretariats de propaganda són, avui, com l'ombra de mossèn Alcover, l'«apòstol de la llengua», els fruits de la llavor que ell va sembrar amb passió fa seixanta anys, en un terreny que ha estat treballat amb amor i ciència per Francesc de B. Moll i els seus col·laboradors.

III. El Congrés de Lingüística Romànica de l'any 1953

Preliminar: Pel mes d'abril de l'any 1953, tingué lloc a la ciutat de Barcelona el VII Congrés Internacional de Lingüística Romànica. Per primera vegada venia una de les reunions d'aquesta sèrie a la Península Ibèrica. La represa d'activitats de la Société de Linguistique Romane (París), sota els auspicis de la qual hom organitzava els congressos, no havia estat encara aconseguida, després de la segona guerra mundial, per dificultats de tipus més aviat personal, existents al si del Bureau de l'associació. Hom aprofità la celebració d'un Congrés de Filologia Moderna, l'any 1951, a Lieja (amb motiu d'una commemoració de la Universitat d'aquesta ciutat belga), per a intentar de continuar la sèrie dels cinc congressos que hom havia celebrat abans de l'any 1939. Així, doncs, hom acordà, a Lieja, de celebrar la reunió següent a Barcelona, tot confiant-ne l'organització als romanistes de la Universitat. A Lieja, encara, fou designat el Comitè Internacional del Congrés, del qual formaven part els senyors Mario Roques (París), com a president, i Paul Aebischer (Lausana), Pierre Gardette (Lió), Antoni Griera (Barcelona), Angelo Monteverdi (Roma), Walter von Wartburg (Basilea) i John Orr (Edimburg), com a vocals, i, com a tema general del Congrés següent, atesa la ciutat on aquest s'havia de tenir, fou proposat l'estudi del domini lingüístic català en relació amb les llengües ibero-romàniques i gallo-romàniques. Amb aquesta crònica, ultra una breu referència a les tasques científiques del Congrés, ens proposem, senzillament, de glossar els actes realitzats en el decurs de les seves jornades. Fidel a una tradició ja llarga, el Congrés fou celebrat durant la setmana de Pasqua, ço és del dilluns dia 6 d'abril, fins al diumenge 12, capvuitada de Pasqua.

Obra científica: El Congrés comptà amb més de 300 inscripcions, amb la qual cosa hom atenyia l'assistència més nombrosa en la història de tots els congressos precedents. Una vintena de països hi foren representats, i de tots ells hi hagué una nodrida representació d'universitats i d'institucions científiques i acadèmiques.

El Comitè Organitzador havia encarregat l'exposició de ponències referents al tema general del congrés a especialistes en cada sector, a fi que la documentació de conjunt sobre la llengua catalana fos orgànica i homogènia. De més a més, tota mena de comunicacions sobre català o de tema romànic d'interès general, ofertes espontàniament per col·legues que n'havien sotmès sengles resums, foren acceptades, car hom no podia rebutjar textos que no entressin dins el tema central, tenint en compte que els congressos de romanística són una de les poques ocasions que s'ofereixen als estudiosos de bescanviar impressions, contrastar mètodes, discutir noves orientacions, etc. Així hom comptà amb una suma de seixanta-cinc ponències i comunicacions, i cinc conferències científiques. Reservades les conferències per a moments ja previstos en confeccionar el programa, les ponències i comunicacions foren distribuïdes en disset seccions, i llur estudi i discussió fixat, segons les hores que hom podia dedicar a sessions de treball, a base de tres sales on les sessions científiques es descabdellaren simultàniament. Encara que no és fàcil de concretar en aquest terreny, podem afirmar que ben bé dues terceres parts de l'aportació científica del Congrés tingué com a objecte la llengua catalana. La mateixa llengua catalana fou vehicle d'expressió de diverses ponències i comunicacions, i llengua de debat en les sessions científiques.

Dilluns, dia 6: La Secretaria del Congrés fou installada a la sala de Professors de la Universitat. Allí, i a l'ampli vestíbul de l'edifici, després de les cinc de la tarda, es feia difícil de moure's: tan gran era el nombre de congressistes que se saludaven, formulaven les inscripcions o demanaven informacions.

A les sis de la tarda, congressistes i representants pujaren al Rectorat; al Saló de Retrats, ple de gom a gom, el rector, professor F. Buscarons, oferí una recepció amb una al·locució de benvinguda, a la qual correspongué el professor John Orr (Edimburg), en nom dels congressistes estrangers. Els assistents foren obsequiats, a continuació, amb un vi d'honor. La concurrència a la recepció és tal, que el Saló de Retrats, prou ampli, esdevé insuficient, els cercles de col·legues s'estrenyen i es fa difícil d'anar d'un costat a l'altre. I, tanmateix, bé cal moure's: hem d'anar encaixant amb els amics antics, hem de començar de conèixer els nous, i malgrat que una convivència de diversos dies ens espera, som impacients, i voldríem dir-nos moltes coses en pocs minuts.

Acabada la recepció al Rectorat, els congressistes escolten, a l'Aula Magna, la conferència del professor F. Udina, secretari del Comitè Organitzador, sobre Barcelona en la seva història.

Dimarts, dia 7: A les deu del matí se celebra l'acte inaugural del Congrés, a l'Aula Magna de la Universitat, sota la presidència del rector, professor F. Buscarons (que porta la representació del ministre d'Educació Nacional), acompanyat de representants d'autoritats locals i de corporacions científiques.

Monsenyor A. Griera, president del Comitè Organitzador, pronuncia un discurs de salutació als congressistes i de recapitulació dels darrers anys de la romanística, i el professor Walter von Wartburg (Basilea) llegeix una conferència sobre l'articulació lingüística de la Romània.

A continuació, els congressistes, constituïts de fet en assemblea, aclamen com a president del Congrés el professor von Wartburg, el qual pronuncia uns mots de reconeixença. El rector declara inaugurat el Congrés, de manera que les seccions ja poden constituir-se, i les sessions de treball poden iniciar la tasca.

Després de l'acte inaugural del Congrés, quedaren obertes al públic diverses exposicions de contingut afí a la temàtica del Congrés. Foren les sis següents: exposició de bibliografia catalana, dirigida per F. Mateu i Llopis, a la Biblioteca de Catalunya; exposició de manuscrits i d'incunables catalans, dirigida per A. Blánquez Fraile, a la Biblioteca Universitària; exposició de la riquesa documental lingüística de l'Arxiu de la Corona d'Aragó i de textos més destacats en llengua catalana, dirigida per J. E. Martínez Ferrando, al mateix Arxiu; exposició sobre la llengua catalana i el *Diccionari català-valencià-balear*, organitzada per l'Obra del Diccionari, a la Biblioteca de Catalunya. Les dues darreres, de caràcter ja més aviat comercial, foren la de filologia hispànica (a la llibreria Herder) i la de literatures hispàniques (a la llibreria Bosch).

Després de l'acte inaugural, hi hagué sessions de treball, d'onze a una del migdia. A la sala I fou estudiat el tema de la secció 1: marc històric del domini català (amb les ponències i comunicacions dels senyors F. Udina i Martorell, J. M. Millàs Vallicrosa, A. M. Badia i Margarit, i Wilhelm Giese). A la sala II, el de la secció 2: domini lingüístic català (I) (amb les ponències dels senyor A. Griera, F. de B. Moll, i G. Colon i Domènech). A la sala III, el de la secció 3: història de la poesia (amb les ponències i comunicacions dels senyors M. de Montoliu, M. de Riquer, István Frank i Jean Boutière).

A les dues de la tarda, el rector de la Universitat i els membres del Comitè Internacional foren obsequiats pel Comitè Organitzador amb un dinar íntim, en el transcurs del qual els comensals bescanviaren impressions sobre les reunions científiques tot just inaugurades.

De quatre a cinc de la tarda hi hagué novament sessions de treball. A la sala I fou estudiat el tema de la secció 7: precedents del llatí (amb la comunicació del senyor Veikko Väänänen). A la sala II, el de la secció 2: domini lingüístic català (II) (amb la ponència del senyor

F. Schürr). A la sala III, el de la secció 4: edicions de textos (amb les ponències i comunicacions dels senyors R. Aramon i Serra, Hans Flasche i Pere Bohigas).

A les cinc de la tarda, i invitats per l'Ajuntament de la ciutat, els congressistes visiten el barri gòtic de Barcelona, sota la direcció del senyor A. Duran i Sanpere. Més tard, a hora foscant ja, la comitiva arriba al Poble Espanyol de Montjuïc, on té lloc una festa folklòrica, amb representació de danses populars per l'Esbart Verdaguer i la Cobla Barcelona, mentre una col·lació era servida als assistents.

Dimecres, dia 8: Aquest segon dia del Congrés fou dedicat a l'excursió que la Diputació Provincial de Barcelona oferia als congressistes. Hom procurà de combinar-hi les visites d'interès turístic, artístic i arqueològic i les recepcions, amb conferències i sessions d'estudi sobre les matèries del Congrés. La primera etapa fou el cim del Tibidabo, on el senyor A. M. Badia i Margarit donà una conferència, a l'aire lliure, i de cara al mar, sobre la toponímia de Barcelona.

Tot seguit, la caravana d'autocars emprengué el descens a Sant Cugat del Vallès. Dins el temple, monsenyor A. Griera glossà, en un breu parlament, la importància cultural del monestir de Sant Cugat, en els seus aspectes històric, artístic, literari i lingüístic. Després de recórrer el claustre i la sala capitular, els congressistes foren acollits a la Casa de l'Abat, on tastaren el vi de la comarca.

Havien estat habilitats per a sessions de treball, tres locals a les dependències del monestir, que es descabdellaren d'onze a una del migdia. A la sala I, foren estudiats els temes de la secció 10: element eclesiàstic (amb les ponències dels senyors Hans Rheinfelder i Francesc Marsà), i de la secció 9: element mossàrab (amb les ponències dels senyors M. Sanchis Guarner i Samuel Gili i Gaya). A la sala II, el de la secció 17: organització del treball (amb les comunicacions dels senyors H. Joş. van de Wijer, Sever Pop, Tomàs Carreras i Artau - August Panyella, i A. M. Badia i Margarit). A la sala III, els de la secció 6: sintaxi (amb les ponències i comunicacions dels senyors Jordi Rubió i Balaguer, i Félix Monge), i de la secció 11: romanística general (amb la comunicació del senyor G. de Poerk).

A les dues de la tarda els congressistes s'aplegaren, a la galeria superior del claustre del monestir, per al dinar, ofert per la Diputació Provincial. Hi ocupaven dues ales en angle recte. Naturalment, la instal·lació era improvisada, però no ho posem en relleu per treure'n cap mèrit, sinó per fer avinent que això obligava els comensals a quelcom de l'austeritat monacal que, durant uns quants segles, havia informat l'ambient. Això no obstant, i malgrat les incomoditats derivades de la seva improvisació, el dinar a l'antic claustre de Sant Cugat fou una nota simpàtica i pintoresca. Hom havia disposat la presidència al vèrtex de les dues ales: el professor von Wartburg, el ponent de Cultura de la Diputació, monsenyor A. Griera i d'altres personalitats i representacions. Durant l'àpat, parlaren monsenyor A. Griera (per fer veure la generositat de la Diputació Provincial, en obsequiar els congressistes amb aquesta excursió i aquest dinar), el senyor Joan Sedó i Peris-Mencheta, ponent de Cultura de la Corporació provincial (dient la satisfacció de la Diputació per haver pogut fer viure a tots una jornada que resultava de tant d'interès), i el professor von Wartburg, president del Congrés (per tributar un homenatge personal al president del Comitè Organitzador del Congrés, monseyor A. Griera).

L'excursió prosseguí: havent dinat, els congressistes, travessant el Vallès, per Rubí i Terrassa, es dirigiren cap a la muntanya de Sant Llorenç del Munt. Al dessota de la seva mola imposant, en un racó escollit, hi ha La Barata, antiga masia, convertida avui en una magnífica residència senyorial: la casa i les seves dependències, el bosc que l'encercla, la muntanya majestuosa al damunt, la vista cap a la plana del Vallès, tot fa l'indret molt agradable. Allí, recolzat a la barana de la galeria, monsenyor A. Griera llegeix la seva conferència sobre la casa catalana.

La darrera etapa de l'excursió fou la visita a les antigues esglésies de Terrassa: Sant Pere, Santa Maria i el baptisteri de Sant Miquel. El senyor Lluís Monreal en fa una exposició històrico-arqueològica, i, tot seguit, al mateix marc del recinte de les esglésies, a la darrera llum del capvespre, l'Ajuntament de Terrasa ofereix una cordial recepció als membres del Congrés: el senyor Pere Matalonga, alcalde de Terrasa, en fa l'ofrena, amb paraules càlides, i el professor A. Steiger (Zuric) dóna les gràcies en nom dels congressistes.

Pels volts de les nou, els excursionistes tornaren a Barcelona: la jornada havia estat, certament, molt atapeïda d'actes, però tothom sentia que en conservaria un record inesborrable.

Dijous, dia 9: Fou una jornada intensa d'estudis. De deu a una del migdia, els congressistes es dedicaren a les sessions de treball. A la sala I fou estudiat el tema de la secció 16: toponímia i antroponímia (I) (amb les ponències i comunicacions dels senyor F. Mateu i Llopies, J. M. Piel, Giandomenico Serra i A. M. Badia i Margarit - Francesc Marsà). A la sala II, el de la secció 8: elements pre-romans (amb les ponències i comunicacions dels senyor A. Tovar, Joan Coromines, A. Carnoy, J. Hubschmid i L. - F. Flutre). A la sala III, el de la secció 14: geografia lingüística (amb les ponències. i comunicacions dels senyors J. Orr, G. Bottiglioni, L. Cortés Vázquez, M. Sanchis Guarner i A. M. Badia i Margarit-Germà Colon).

A la una del migdia, els congressistes estaven citats per a una fotografia de conjunt de tots els participants: fou feta a l'escala d'honor del Rectorat, i, més tard, fou publicada al volum d'actes i memòries del Congrés.

Encara, abans de dinar, tingué lloc, a l'Institut Italià de Cultura, una recepció en honor del Comitè Organitzador i dels congressistes italians.

A la tarda, de quatre a sis, hom continuà les sessions de treball. A la sala I fou estudiat el tema de la secció 16: toponímia i antroponímia (II) (amb les ponències i comunicacions de la senyora Rita Lejeune, i dels senyors J. M. Piel i J. Álvarez Delgado). A la sala II, el de la secció 12: àrees lexicològiques no llatines (amb les ponències i comunicacions dels senyors J. Séguy, P. Gardette, A. Steiger i Joan Petit). A la sala III, el de la secció 15: parlars del Pirineu (I) (amb les ponències i comunicacions dels senyors G. Rohlfs, J. Cremona, B. Pottier i W. D. Elcock).

Acabades les sessions de treball i abans de la recepció de les acadèmies, el dinamisme, ben conegut, del Secretariat barceloní de l'Obra del Diccionari, féu possible de conduir, amb autocars, els congressistes a la Biblioteca de Catalunya, per fer-hi la visita de l'exposició del *Diccionari català-valencià-balear*, després de la qual hom acompanyà novament els assistents a l'Arxiu Històric de la Ciutat. Ací, altra vegada al cor del barri gòtic de la ciutat, els congressistes foren rebuts per les corporacions científiques de la ciutat: la Reial Acadèmia de Bones Lletres, l'Institut d'Estudis Catalans i el Consejo Superior de Investigaciones Científicas (Delegació de Barcelona). Hom escoltà els senyors Tomàs Carreras i Artau (que parlà en nom de l'Acadèmia i del Consejo) i Agustí Duran i Sanpere (que ho féu en nom de l'Institut). El professor von Wartburg, president del Congrés, respongué tot remarcant la impressió que li produïa de constatar l'activitat científica de les acadèmies barcelonines.

Havent sopat, i encara al barri gòtic, el meravellós saló del palau dels Reis d'Aragó, conegut pel Tinell, obrí les seves portes als congressistes. Aquí és on té lloc el concert de la Coral Sant Jordi. La primera part és dedicada a la música de madrigals dels països romànics als segles XVI i XVII, i, la segona, a cançons populars castellanes, basques i, sobretot, catalanes. Tot plegat constituí una estona molt agradable, per l'ambient, pel programa i per l'execució, cosa que féu que la Coral i el seu director, el mestre Oriol Martorell, fossin felicitats ben de cor per tothom.

Divendres, dia 10: De deu a dotze hi hagué sessions de treball. A la sala I fou estudiat el tema de la secció 5: preceptiva (amb les ponències i comunicacions dels senyors E. Li Gotti, J. Salvat, J. M. Casas i Homs i P. Palumbo). A la sala II, el de la secció 13: relacions lexicològiques romàniques (amb les ponències i comunicacions dels senyors J. Ruiz Calonja, K. Baldinger, P. Nauton, M. L. Wagner i A. Aversa). A la sala III, el de la secció 15: parlars del Pirineu (II) (amb les ponències i comunicacions dels senyors J. Caro Baroja, E. Guiter i M. Alvar).

A les dotze té lloc la sessió general. Hom hi fa pública la convocatòria de tres premis per a guardonar altres tants treballs de lexicografia romànica, segons detalls que seran donats a conèixer més tard. El professor J. Orr (Edimburg) dóna compte dels esforços realitzats durant el Congrés perquè la Société de Linguistique Romane recobri la seva activitat d'antany, i diu que, amb aquest fi, hom ha designat una comissió integrada per Mgr. P. Gardette (Lió), M. G. Straka (Estrasburg) i ell mateix, que mirarà de dur a bon terme la comesa que li ha estat encarregada, i sempre d'acord amb els estatuts de la Société. Quant a la seu del pròxim Congrés, el professor von Wartburg comunica que només ha arribat una sola proposta, del professor A. Monteverdi (Roma), a favor de Florència per a tenir-hi el VIII Congrés. El professor A. Monteverdi aclareix que no fa altra cosa sinó dur a la reunió general l'acord que la Federació Internacional d'Associacions d'Estudis Romànics, reunida aquests dies a Barcelona, ha pres en aquest sentit, i en confirma la invitació per part de l'Associazione Italiana di Filologia Romanza. L'assemblea ho accepta així, de manera que el Congrés següent es tindrà a Florència l'any 1956.

Al migdia tingué lloc, a l'Institut Francès, una recepció en honor del Comitè Organitzador i dels congressistes francesos.

A primera hora de la tarda arribaren de Madrid l'excm. senyor Segismundo Royo-Villanova, sots-secretari del Ministeri d'Educació Nacional, i l'excm. senyor Ramón Menéndez Pidal, president d'Honor del Congrés, per tal d'assistir a l'acte de clausura. Foren rebuts, a l'aeroport, pel rector de la Universitat i per dos membres del Comitè Organitzador.

A les sis de la tarda, els congressistes s'aplegaren per a la sessió de clausura. Presideixen el sots-secretari del Ministeri, el rector de la Universitat, els senyors Menéndez Pidal i von Wartburg, presidents del Congrés, monsenyor A. Griera, president del Comitè Organitzador, representants d'organismes i corporacions, i el senyor F. Udina, secretari del Congrés.

El professor von Wartburg pronuncia uns mots de salutació a don Ramón Menéndez Pidal. En aixecar-se aquest per llegir la seva conferència, tots els congressistes, dempeus, li tributen un homenatge profund, que a tots ens emociona: que just que el trobem!, que curt, per a premiar simbòlicament tants d'anys, tota una vida dedicada a la recerca científica! Don Ramón, visiblement alterat, diu com agraeix l'adhesió del Congrés, i llegeix la seva conferència sobre toponímia mediterrània i toponímia valenciana primitiva. A continuació, el senyor F. Udina, com a secretari, llegeix la Memòria sobre el desenrotllament del Congrés, estadística de congressistes, universitats i altres organismes representats, etc. Hi ha, després, breus intervencions circumstancials dels senyors Pierre Gardette (Lió), Angelo Monteverdi (Roma), Maurice Delbouille (Lieja), Sever Pop (Lovaina) i Hans Rheinfelder (Munic). El discurs presidencial de clausura ve a continuació, a càrrec del professor Walther von Wartburg, i una breu al·locució del sots-secretari d'Educació Nacional, senyor Royo-Villanova. Encara, el mateix senyor Royo-Villanova imposa les condecoracions següents: la Gran Creu de l'Orde d'Alfons el Savi al professor von Wartburg, president del Congrés: l'*Encomienda* amb Placa de la mateixa Orde a monsenyor A. Griera, president del Comitè Organitzador, i l'*Encomienda* senzilla als membres del Comitè Internacional nomenat al Congrés de Lieja (1951), senyors Paul Aebischer (Lausana), Pierre Gardette (Lió), Angelo Monteverdi (Roma) i John Orr (Edimburg). Finalment, el senyor Royo-Villanova declara clausurat el Congrés.

A les nou del vespre hi hagué el banquet de clausura, al Saló Rosa. Els congressistes hi escoltaren parlaments dels senyors A. Tovar (Salamanca), K. Michaëlsson (Gotemburg), J. Orr (Edimburg), S. Heinimann (Berna), J. Coromines (Chicago), C. F. A. Van Dam (Utrecht) i del sots-secretari d'Educació Nacional, senyor S. Royo-Villanova.

Dissabte, dia 11: Acabat ja oficialment el Congrés, encara hi hagué una excursió a Montserrat i a Sant Sadurní d'Anoia. Els congressistes foren rebuts per l'excm. i rvdm. pare abat, dom Aureli M. Escarré, que expressà el seu interès, i dels monjos de Montserrat, per la temàtica i les tasques del Congrés. Li contestà el professor John Orr (Edimburg). A continuació, els congressistes visitaren la biblioteca del monestir.

Després de dinar al restaurant del monestir, els congressistes continuaren l'excursió, a Sant Sadurní d'Anoia, on visitaren les caves Codorniu. Acabada la visita, els senyors Raventós oferiren un berenar als assistents, en el qual el vi escumós elaborat a les caves fou generosament distribuït. Al capvespre arribàrem novament a Barcelona.

Diumenge, dia 12: El Comitè Organitzador acceptà el suggeriment de l'Anella Sardanista Almogàvers, d'organitzar una audició de sardanes en honor dels congressistes, per tal com coneixia bé l'interès dels romanistes a penetrar, no ja les llengües i els dialectes, sinó també totes les manifestacions espirituals dels països romànics. Aquesta audició tingué lloc diumenge al migdia, a la

Plaça del Rei, que els congressistes ja coneixien, però que ara veien en l'esclat d'un matí primaveral, plena de les melodies que els instruments típics de la cobla entonaven. Començada l'audició, aviat diversos congressistes catalans es posaren a ballar, cosa que augmentà en els estrangers, per allò que tenia de personal, l'interès que la sardana ja desperta sempre, com a dansa oberta a tothom. També aviat veiérem alguns estrangers que assajaven l'art de la nostra dansa, i, en acabar-se l'audició, n'hi havia que «ballaven» sardanes amb bastant de deseiximent als peus, i sobretot amb satisfacció radiant al rostre, la qual satisfacció compensava amb escreix els petits errors que poguessin cometre en passar dels «punts curts» als «punts llargs». I aquí, sense poder oblidar aquell matí d'abril, sense poder oblidar les nostres darreres converses amb col·legues estrangers amb el fons continu dels aires, tan nostres, de la sardana, acabem la nostra crònica del Congrés de Barcelona.

Sumari

Col·lecció universal de butxaca El Cangur

1. SALVADOR ESPRIU. **Narracions**
2. HEINRICH BÖLL. **El pa dels anys joves**
3. ERICH FROMM. **L'art d'estimar**
4. ALEKSANDR SOLJENITSIN. **La casa de Matriona / Tot sigui per la causa**
5. BERTRAND RUSSELL. **La meva concepció del món**
6. MERCÈ RODOREDA. **La meva Cristina i altres contes**

** 7. GEORGES SIMENON. **L'home que mirava passar els trens**
*** 8. FRANCESC CANDEL. **Trenta mil pessetes per un home**
9. SALVADOR ESPRIU. **Primera història d'Esther. Antígona**
10. ORIOL PI DE CABANYES. **Oferiu flors als rebels que fracassaren
***11. MANUEL DE PEDROLO. **Avui es parla de mi**
12. WILLIAM SAROYAN. **Em dic Aram
13. GEORGES SIMENON. **La pell d'un home**
***14. MÀXIM GORKI. **La meva infantesa**
15. MANUEL DE PEDROLO. **Joc brut**
16. ANTONI M. BADIA I MARGARIT. **Llengua i cultura als Països Catalans
17. CESARE PAVESE. **El company
18. FRIEDRICH DÜRRENMATT. **Grec busca grega**
19. ERSKINE CALDWELL. **La ruta del tabac
20. JAUME FUSTER. **De mica en mica s'omple la pica
***21. ERICH FROMM. **Marx i Freud**
22. SALVADOR ESPRIU. **Laia**
23. MANUEL DE PEDROLO. **Mecanoscrit del segon origen
****24. MÀXIM GORKI. **Caminant pel món**
25. MONTSERRAT ROIG. **Ramona, adéu
26. BALTASAR PORCEL. **La lluna i el "Cala Llamp"
27. MÀXIM GORKI. **Les meves universitats
28. DASHIELL HAMMET. **El falcó maltès
29. MANUEL DE PEDROLO. **Tocats pel foc**
****30. BERTRAND RUSSELL. **Iniciació a la filosofia**
31. PRUDENCI BERTRANA. **Josafat**
***32. JOAN FUSTER. **Nosaltres els valencians**
33. LLORENÇ VILLALONGA. **El misantrop
34. MERCÈ RODOREDA. **Aloma**
35. JOAQUIM RUYRA. **El rem de trenta-quatre**
36. MANUEL DE PEDROLO. **Mossegar-se la cua**
37. CESARE PAVESE. **La lluna i les fogueres
38. MONTSERRAT ROIG. **Molta roba i poc sabó...
39. MANUEL DE PEDROLO. **Trajecte final
***40. TERENCI MOIX. **Lilí Barcelona i altres travestís**
***41. JOAN FUSTER. **Diccionari per a ociosos**
42. MANUEL DE PEDROLO. **S'han deixat les claus sota l'estora

**Volum intermedi, ***Volum doble, ****Volum especial.